Kauderwelsch
Band 61

© Mariló@fotolia.com

Tradition und Moderne

Impressum

Monika Heyder
Vietnamesisch – Wort für Wort
erschienen im
REISE KNOW-HOW Verlag Peter Rump GmbH
Osnabrücker Str. 79, D-33649 Bielefeld
info@reise-know-how.de

© REISE KNOW-HOW Verlag Peter Rump GmbH
14. Auflage 2019
Konzeption, Gliederung, Layout und Umschlagklappen
wurden speziell für die Reihe „Kauderwelsch" entwickelt
und sind urheberrechtlich geschützt.
Alle Rechte vorbehalten.

Bearbeitung	Klaus Werner
Layout	Claudia Schmidt
Layout-Konzept	Günter Pawlak, FaktorZwo! Bielefeld
Umschlag	Peter Rump (Titelfoto: Dirk Krüger)
Kartographie	Iain Macneish
Fotos	Fotografen@Fotolia.com; Nachweis am jeweiligen Foto
Gesamtherstellung	Himmer GmbH Druckerei & Verlag, Augsburg

ISBN: 978-3-8317–6450-1

Wer im Buchhandel kein Glück hat, bekommt unsere Bücher
auch direkt über unseren Internet-Shop:

www.reise-know-how.de

Die Internetseiten mit Aussprachebeispielen und der Zugriff auf
diese über QR-Codes sind eine freiwillige, kostenlose
Zusatzleistung des Verlages. Der Verlag behält sich vor, die Bereitstellung des Angebotes und die Möglichkeit der Nutzung zeit-
lich und inhaltlich zu beschränken. Der Verlag übernimmt keine
Garantie für das Funktionieren der Seiten und keine Haftung für
Schäden, die aus dem Gebrauch der Seiten resultieren. Es besteht ferner kein Anspruch auf eine unbefristete Bereitstellung
der Seiten.

Der Verlag möchte die **Reihe Kauderwelsch** weiter ausbauen
und **sucht Autoren!** Mehr Informationen finden Sie unter
www.reise-know-how.de/verlag/mitarbeit

Kauderwelsch

Monika Heyder

Vietnamesisch

Wort für Wort

Kauderwelsch heißt:

- Schnell mit dem **Sprechen** beginnen, auch wenn nicht immer alles korrekt ist.
- Von der **Grammatik** wird nur das Wichtigste in einfachen Worten erklärt.
- Alle Beispielsätze werden doppelt ins Deutsche übertragen: erst **Wort-für-Wort,** dann in normales Deutsch. Die Wort-für-Wort-Übersetzung hilft, die neue Sprache schneller zu durchschauen, außerdem lassen sich dadurch leichter einzelne Wörter im fremdsprachigen Satz austauschen.
- Es geht um die **Alltagssprache,** also das, was man tatsächlich auf der Straße hört.
- Die **Autoren** sind entweder Reisende, die die Sprache im Land selbst gelernt haben, oder Muttersprachler.

Kauderwelsch-Sprachführer sind keine Lehrbücher, aber viel mehr als traditionelle Reisesprachführer. Wer ein wenig Zeit investiert, einige Vokabeln lernt und die Sprache im Land anwendet, wird **Türen öffnen,** ein Lächeln ins Gesicht zaubern und reichere Erfahrungen machen.

Talk to each other!

Kauderwelsch zum Anhören

Einzelne Sätze und Ausdrücke aus diesem Buch können Sie sich **kostenlos anhören.** Diese **Aussprachebeispiele** erreichen Sie über die im Buch abgedruckten QR-Codes oder diese Adresse: www.reise-know-how.de/kauderwelsch/061

Die Aussprachebeispiele im Buch sind Auszüge aus dem umfassenden Tonmaterial, das unter dem Titel **„Kauderwelsch Aussprachetrainer Vietnamesisch"** separat erhältlich ist – als Download über Onlinehörbuchshops (ISBN 978-3-95852-156-8) oder als CD im Buchhandel (ISBN 978-3-95852-406-4). Beide Versionen erhalten Sie auch über unsere Internetseite:

- **www.reise-know-how.de**

Alle Sätze, die Sie auf dem Aussprachetrainer hören können, sind in diesem Buch mit einem ♪ gekennzeichnet.

Ni hao!

Marhaba!

Inhalt

9 Vorwort
10 Hinweise zur Benutzung
12 Über die Sprache
13 Karte von Vietnam
15 Aussprache
19 Wörter, die weiterhelfen

Grammatik

20 Satzbildung
20 Hauptwörter, Klassifikatoren
25 Dieses & Jenes
27 Eigenschaftswörter
32 Persönliche Fürwörter
35 Besitzanzeigende Fürwörter
36 Verben & Zeiten
41 Aufforderungen
42 Verneinung
42 Fragen & Antworten
46 Verhältniswörter
48 Bindewörter
49 Zahlen & Zählen
52 Zeitangaben
57 Maße & Mengen

Inhalt

Konversation

59 Kurz-Knigge
63 Begrüßen & Verabschieden
65 Bitten, Danken, Wünschen
68 Kleine Unterhaltung
77 Unterwegs
84 Übernachten
86 Essen & Trinken
96 Einkaufen
99 Zu Besuch sein
101 Fotografieren
103 Krank sein
109 Post
110 Telefonieren
112 Formalitäten
112 Zustimmen & Ablehnen
113 Ausrufe
115 Beschimpfungen
116 Nichts verstanden?
117 Toilette
118 Hilferufe

Anhang

120 Literaturhinweise
124 Wörterliste Deutsch – Vietnamesisch
142 Wörterliste Vietnamesisch – Deutsch
160 Die Autorin

© Sauerkraut@fotolia.com

Inselwelten

Vorwort

Wer als Tourist nach Vietnam kommt, dürfte nur in den Städten auf Menschen treffen, die einigermaßen Englisch beherrschen. Wer die Absicht hat, abseits ausgetretener Touristenpfade das wirkliche Leben der Menschen kennen zu lernen, der verlasse sich besser nicht auf europäische Sprachen.

Die Vietnamesen (Việt, Kinh) sind ein Reisbauernvolk. Bis vor kurzem hatten sie kaum die Gelegenheit, Fremdsprachen zu lernen. Auch für die fast 60 nationalen Minderheiten, die selbst sehr unterschiedliche Sprachen sprechen, dient das Vietnamesische als Verständigungsmittel mit der Außenwelt.

Schon das Bemühen, einige wenige Worte auf Vietnamesisch zu sprechen, öffnet die Türen zum Herzen der Menschen. Dabei spielt sicher auch die Tatsache eine Rolle, dass die langen Erfahrungen der Vietnamesen mit Ausländern u. a. durch weitgehende Nichtachtung ihrer Muttersprache gekennzeichnet wurden.

Wer sich bemüht, wenigstens Xin chào! *(ein Gruß für alle Gelegenheiten)* und vielleicht noch etwas mehr zu sagen, der wird in den Augen der Vietnamesen von einem gesichtslosen „Devisenbringer" zu einem Menschen aus Fleisch und Blut, dem man Aufmerksamkeit – und bald auch Sympathie und Vertrauen – schenken wird.

Hinweise zur Benutzung

Der vorliegende Sprechführer gliedert sich in die drei wichtigen Hauptabschnitte *Grammatik, Konversation* und *Wörterliste.*

Grammatik Die Grammatik beschränkt sich auf das Wesentliche und ist so einfach gehalten wie möglich. Darum sind auch nicht alle Ausnahmen und Unregelmäßigkeiten der Sprache erklärt. Wer nach der Lektüre dieses Büchleins tiefer in die Grammatik des Vietnamesischen eindringen möchte, findet im Anhang Hinweise auf weiterführende Literatur.

Konversation Im Konversationsteil finden Sie Sätze aus dem Alltagsgespräch, die Ihnen einen ersten Eindruck davon vermitteln sollen, wie Vietnamesisch „funktioniert", und die Sie auf das vorbereiten sollen, was Sie später in Vietnam hören werden.

Wort-für-Wort-Übersetzung Damit Sie die Wortfolge in den vietnamesischen Sätzen nachvollziehen können, haben wir eine Wort-für-Wort-Übersetzung in kursiver Schrift ergänzt. Wird *ein* vietnamesisches Wort im Deutschen durch *zwei* Wörter übersetzt, sind diese in der Wort-für-Wort-Übersetzung durch einen Bindestrich verbunden:

Eingeklammerte Wörter können entfallen, ohne dass der Sinn der Aussage verloren geht.

Có người yêu chưa?
haben Mensch lieben noch-nicht
Haben Sie eine/n Freund/in?

Bei mehrsilbigen vietnamesischen Wörtern haben wir die Silben durch Bindestriche verbunden. Das ist eine Hilfestellung für den Leser. In der vietnamesischen Schriftsprache steht nämlich jede Silbe einzeln, so dass die Wortgrenzen formal nicht feststellbar sind.

Hier ein Beispiel, das dies illustrieren soll: Das Wort bắt-đầu besteht aus den Silben bắt *(fassen, ergreifen)* und đầu *(Kopf)*. Beide Silben können für sich allein, also völlig selbständig gebraucht werden. Bắt-đầu heißt zusammen aber „beginnen" oder „anfangen". Eine Wort-für-Wort-Übersetzung der Einzelsilben würde in diesem Fall und auch sonst oft die Verständlichkeit kaum fördern.

Bei einigen wenigen Fremdwörtern werden die Silben auch in der Schriftsprache durch einen Bindestrich verbunden, z. B. xú-páp *(frz.* soupape*) „Ventil".*

Chị công-tác ở-đâu?
Schwester tätig-sein wo
Wo arbeiten Sie? *(zu einer Frau)*

Rẽ bên trái / phải.
abbiegen Seite links / rechts
Biegen Sie links / rechts ab.

Werden in einem Satz mehrere Wörter genannt, die man untereinander austauschen kann, steht zwischen diesen ein Schrägstrich.

Mit Hilfe der Wort-für-Wort-Übersetzung können Sie bald eigene Sätze bilden. Sie können die Beispielsätze als Fundus von Satzschablonen und -mustern benutzen, die Sie selbst Ihren Bedürfnissen anpassen. Mit einem kleinen bisschen Kreativität und Mut können Sie sich neue Sätze „zusammenbauen", auch wenn das Ergebnis nicht immer grammatikalisch perfekt ausfällt.

Wörterlisten Die Wörterlisten am Ende des Buches helfen Ihnen dabei. Sie enthalten einen Grundwortschatz von je ca. 1000 Wörtern Deutsch-Vietnamesisch und Vietnamesisch-Deutsch.

Umschlagklappe Die Umschlagklappe hält die wichtigsten Sätze und Formulierungen stets parat. Aufgeklappt ist der Umschlag eine wesentliche Erleichterung, da die gewünschte Satzkonstruktion mit dem Vokabular aus den einzelnen Kapiteln kombiniert werden kann.

Über die Sprache

Unumstritten war aber stets die Verwandtschaft zur Sprache der Mường, *einer nationalen Minderheit aus dem Norden Vietnams.*

Vietnamesisch ist die Muttersprache von über 80 Millionen Menschen. Es gehört der austroasiatischen Sprachfamilie an, wie z. B. auch das Khmer. Allerdings ist diese Sprachverwandtschaft lange Zeit umstritten gewesen, da sich das Vietnamesische durch den lang andauernden enormen Einfluss des Chinesischen auf Aussprache (Töne!), Grammatik und Wortschatz weit von den meisten Verwandten weg entwickelt hat. Äußerlich ist es somit dem Chinesischen ähnlich geworden.

Es gibt drei große Dialektgruppen: Nord-, Zentral- und Südvietnamesisch. Die Literatursprache beruht auf der Grundlage der Norddialekte. Auch der vorliegende Band geht von der Normsprache aus, die man im ganzen Land versteht. Die Dialekte unterscheiden sich vor allem in der Aussprache, zum Teil aber auch im Wortschatz.

Seitenzahlen

Um Ihnen den Umgang mit den Zahlen zu erleichtern, wird auf jeder Seite die Seitenzahl auch auf Vietnamesisch angegeben!

Vietnamesisch ist eine „isolierende" Sprache. Das heißt, dass die Wörter in ihrer Form unveränderlich sind, es also keine Beugung (Deklination, Konjugation) gibt. Grammatische Beziehungen werden vor allem durch die Stellung der Wörter im Satz ausgedrückt. Viele Wörter – besonders des Grundwortschatzes – sind einsilbig. Die Wörter lassen sich in Vollwörter (Haupt-, Eigenschafts-, Tätigkeitswörter) und Hilfswörter (Klassifikatoren, Fürwörter, Bindewörter usw.) einteilen.

Die Hilfswörter sind aus Vollwörtern entstanden, deren eigentliche Bedeutung allmählich zugunsten einer grammatischen Funktion verblasste. Bei manchen Wörtern ist diese „Grammatikalisierung" noch zu beobachten. Solche Wörter haben sowohl eine eigene Wortbedeutung (của „Besitz, Eigentum") als auch eine grammatische Funktion (của „von"). Entsprechendes gilt auch für die Fragekonstruktionen. In diesen Fällen wur-

In diesem Band geben wir im Kapitel „Aussprache" auch die typischen Abweichungen des Süddialekts von Saigon mit an. Wichtige Vokabeln, die im Süden anders sind, werden im Buch mit (S) gekennzeichnet.

den in der Wort-für-Wort-Übersetzung die ursprünglichen Bedeutungen angegeben, weil sie trotz ihrer „Blässe" noch immer einleuchtend sind, jedenfalls mehr als die stereotype Bezeichnung „Fragekonstruktions-Marker".

Sieht man einmal von den für uns ungewohnten Tönen (und anderen Aussprachemerkmalen) ab, so ist Vietnamesisch wegen seiner überschaubaren Grammatik auch für den Autodidakten sehr geeignet. Ohne langes Einpauken von Deklinationen und Ausnahmen ist schon mit geringem Wortschatz eine Verständigung möglich, zumal in der konkreten Gesprächssituation oft keine druckreifen Sätze „wie aus dem Lehrbuch" nötig sind.

A a	G g	P p
Ă ă	H h	Q q
Â â	I i	R r
B b	K k	S s
C c	L l	T t
D d	M m	U u
Đ đ	N n	Ư ư
E e	O o	V v
Ê ê	Ô ô	X x
F f	Ơ ơ	Y y

Der Grund dafür ist ein Wandel in der Aussprache, der erst nach Erfindung des Alphabets aufkam.

Alphabet

Das moderne vietnamesische Alphabet (quốc ngữ) wurde im 17. Jahrhundert von dem Missionar Alexandre de Rhodes auf der Grundlage der Lateinschrift geschaffen. Mit einigen Zusatzzeichen trägt es den lautlichen Besonderheiten der Sprache Rechnung.

Die Buchstaben ơ und ư bezeichnen zwei eigene Vokale mit besonderer Aussprache.

Das Zusatzzeichen ˘ bei ă weist auf die Kürze des Vokals hin, das ˆ bei â, ê und ô auf eine „geschlossene" Aussprache.

Der Buchstabe đ bezeichnet unseren Laut „d" (wie „**D**ackel"), während d als stimmhaftes „s" wie in „**S**onne" gesprochen wird. Das ist anfangs etwas gewöhnungsbedürftig.

Aussprache

Schreibweise und Aussprache korrespon-
dieren sehr zuverlässig. Man kann also mit
Hilfe der Ausspracheregeln auch völlig unbe-
kannte Wörter richtig aussprechen

*Die für uns schwieri-
geren Lauten können
Sie sich von einem
Muttersprachler vor-
sprechen lassen.*

Konsonanten (Mitlaute)	
b	wie „b" in „**b**lau", aber stärker aus dem Kehlkopf gepresst
c, k, q	wie „k", aber ohne (die typisch deutsche) Behauchung (klingt daher für uns ein wenig wie „g"), am Wortende wird der Konsonant nur leicht angedeutet
ch	wie stimmloses „tch" in „Brö**tch**en", am Wortende fast wie leicht angedeutetes „k" (im Süden am Wortende wie „t")
d	wie stimmhaftes „s" in „**S**onne" (im Süden wie „j" in „**j**a")
đ	wie „d" in „**D**ame", aber stärker aus dem Kehlkopf gepresst
g, gh	wie „g" in „**G**arten", dabei aber leicht „gerieben" (stimm-haftes Gegenstück zum stimmlosen „ch"); gilt nicht für gi
gi	wie stimmhaftes „s" in „**S**onne" (im Süden wie „j" in „**j**a")
h	wie „h" in „**H**ammer"
kh	wie stimmloses „ch" in „a**ch**"
l	wie „l" in „**L**icht" (im Süden ein wenig wie „lj")
m	wie „m" in „**M**aus"
n	wie „n" in „**N**ote"
ng, ngh	wie „ng" in „A**ng**el", auch am Wortanfang so aussprechen
nh	am Wortanfang wie „nj" in „A**nj**a", am Wortende fast wie „ng", nur etwas weiter vorne am Gaumen (im Süden am Wortende wie „n")
ph	wie „f" in „**F**inger"

p	wie „p", aber ohne (die typisch deutsche) Behauchung (klingt daher für uns ein wenig wie „b"), am Wortende wird der Konsonant nur leicht angedeutet
r	wie stimmhaftes „s" in „**S**onne" (im Süden wie engl. „r")
s	zwischen stimmlosem (scharfem) „ss" und „sch" (im Norden mehr wie „ss"; im Süden mehr wie „sch", dort aber mit zum Gaumendach hochgebogener Zunge)
t	wie „t", aber ohne (die typisch deutsche) Behauchung (klingt daher für uns ein wenig wie „d"), am Wortende wird der Konsonant nur leicht angedeutet
th	nach deutscher Art behauchtes „t" wie in „**T**ochter"
tr	wie stimmloses „tch" in „Brö**tch**en" (im Süden fast wie engl. „tr" in „**tr**ee", d. h. ähnlich einem „tsch")
v	wie „w" in „e**w**ig", im Norden etwas aus dem Kehlkopf gepresst (im Süden entweder wie einfaches „w" oder wie „j")
x	stimmloses (scharfes) „s" wie in „A**s**ter"

Vokale (Selbstlaute)	
a	langes, klar ausgesprochenes „a" wie in „R**a**t"
ă	kurzes „a" wie in „**A**nne"
â	gemurmeltes kurzes „a", klingt für uns eher wie wie das unbetonte „e" in „Schul**e**": âm *(Laut, Schall)*
e	offenes „e" bzw. „ä" wie in „B**ä**r"
ê	geschlossenes „e" wie in „l**e**gen" (aber nicht lang sprechen)
i, y	„i" wie in „L**i**d"
o	offenes „o" wie in „**o**ffen"
ô	geschlossenes „o" wie in „**O**fen" (aber nicht lang sprechen)
ơ	langes Gegenstück zum â, also gemurmelt wie „e" in „Schul**e**", bzw. wie „ö" in „k**ö**stlich", aber ohne dabei die Lippen zu runden (und weiter hinten): cơm *(Reis)*

u	„u" wie in „r**u**fen" (aber nicht lang sprechen)
ư	noch ein „Murmellaut", klingt wie „u", ohne dabei die Lippen zu runden (oder wie „i" bei undeutlicher Aussprache); ähnliche Laute gibt es im Türkischen und Russischen: mưa *(Regen)*
uy	das u mehr wie „ü" sprechen, wenn auf diese Kombination noch ein weiterer Vokal folgt: Nguyễn *(ein Familienname)*

Töne

Wie viele Sprachen in der Region ist das Vietnamesische eine Tonsprache. Es hat sechs verschiedene Töne, die fest zu einem Wort gehören und durch die man ansonsten gleichlautende Wortsilben unterscheiden kann. Sie werden durch zusätzliche Tonzeichen über bzw. unter dem Vokal gekennzeichnet. Bei den Tönen handelt es sich nicht um absolute, sondern um relative Tonhöhen. Die einzelnen Töne unterscheiden sich auch durch ihre Kontur, ihre Intensität und ihre Länge.

Im Vietnamesischen gibt es zahlreiche Verbindungen von zwei oder auch drei Vokalen. Eine besondere Rechtschreibung findet man bei:

a + i > ai,
ă + i > ay,
a + u > ao,
ă + u > au.

Die Töne sollten niemanden schrecken, denn auch wir sprechen nicht tonlos. Man stelle sich nur einmal die vielen Varianten vor, das Wort „na!" auszusprechen: fragend nach oben gezogen oder gleichgültig, gelangweilt; warnend, kurz und böse, mit einem kleinen Knacken in der Kehle ... So ungefähr kann man sich auch die Töne im Vietnamesischen vorstellen, sehr verschieden voneinander und nicht nur von Gesangstalenten erlernbar.

So hat die Silbe ma in den sechs verschiedenen Tönen die folgenden Bedeutungen:

Relative Tonhöhe bedeutet, dass jeder Sprecher gemäß seiner natürlichen Stimmlage ein anderes „Tonregister" hat.

Wenn man nicht den richtigen Ton eines Wortes trifft, kann es schon mal Missverständnisse geben.

Beispiel	Ton	Intonation	Bedeutung
1. ma / thanh không	Normalton	mittlere Sprechlage, gleich bleibend	„Geist"
2. mà / thanh huyền	fallender Ton	fällt von einer mittleren Lage ab	„aber"
3. má / thanh sắc	steigender Ton	steigt von einer mittleren Lage an	„Mutter"
4. mạ / thanh nặng	tiefer Ton	von tiefer Lage fallend, gepresst, kurz	„Reissetzling"
5. mả / thanh hỏi	„Frageton"	fällt leicht, steigt dann stark an (wie in Fragen)	„Grab"
6. mã / thanh ngã	gebrochener steigender Ton	steigt an, Vokal wird durch Knacklaute mehrmals unterbrochen	„Pferd"

Charakteristisch für die Dialekte des Südens ist der Zusammenfall des 6. mit dem 5. Ton. Es werden dort also nur fünf Töne unterschieden.

Die Vietnamesen betrachten die Töne keineswegs getrennt von den Silben: mạ und mã werden als zwei völlig verschiedene Worteinheiten begriffen und gespeichert. Die Vorstellung, es handele sich im Prinzip um dasselbe Wort, das man nur verschieden hoch spricht, ist falsch. Daher hat es auch wenig Sinn, die Wörter ohne die Töne lernen zu wollen. Das Wort lebt und stirbt mit seinem Ton.

Auch der Kauderwelsch AussspracheTrainer Vietnamesisch ist hier besonders hilfreich.

Für den Anfänger, der über ein noch geringes Vokabular verfügt, ist es ganz wichtig, sich um eine korrekte Aussprache zu bemühen. „Trockenübungen" werden hier nicht weiterhelfen. Am besten ist es, sich die Töne von einem Muttersprachler vorsprechen zu lassen.

Wörter, die weiterhelfen

Es gibt ein kleines Wort, das in vielen Situationen hilft, weil es höflich ist und „Brücken baut". Außerdem lässt sich damit eine direkte Anrede, die für den Ausländer ihre Tücken haben kann, korrekt umgehen: xin *(bitten)*.

Xin chào!
bitten grüßen
Guten Tag!

Xin lỗi!
bitten Fehler
Entschuldigung!

Xin thông-cảm!
bitten Verständnis-haben
Haben Sie bitte Verständnis!

Xin cho tôi ...
bitten geben ich ...
Geben Sie mir bitte ...

Xin giúp!
bitten helfen
Helfen Sie bitte!

bao-nhiêu?	wie viel?
bao giờ?	wann?
wie Zeit	
bao lâu?	wie lange?
wie lang	
bao xa?	wie weit?
wie weit	
ở-đâu	Wo ist ... ?
khách sạn	das Hotel
sân bay	der Flugplatz
xưởng sửa-chữa ô-tô	die Autowerkstatt
vâng – không	ja – nein

Viele organisatorische Fragen lassen sich durch Zusammensetzungen mit dem Wort bao (wie?) schon recht gut klären.

Satzbildung

Normale Sätze folgen ganz strikt der Wortreihenfolge *Subjekt – Prädikat – Objekt:*

Subjekt	Prädikat	Objekt
Nó	ăn	cơm.
er	*essen*	*Reis*
Er	isst	Reis.

Während im Deutschen der Satzgegenstand (Objekt) auch am Anfang des Satzes stehen kann: „Reis isst er (und nicht etwa Kartoffeln)", geht das im Vietnamesischen nicht:

Cơm ăn nó.
Reis essen er
Der Reis isst ihn.

Hauptwörter, Klassifikatoren

Die vietnamesischen Hauptwörter werden nicht gebeugt (dekliniert) und weder nach Zahl noch Geschlecht unterschieden:

người	Mensch(en)
trâu	Büffel (Ez u. Mz)
bát	Essschale(n)
đũa	Essstäbchen (Ez u. Mz)

In dieser Form wird die allgemeine Erscheinung bezeichnet. Um konkret zu werden, brauchen wir eine bestimmte Art von Hilfswörtern. Diese werden Klassifikatoren genannt und funktionieren fast so wie unsere bestimmten Artikel, aber logischer. Wie der Name sagt, dienen sie zur Klassifizierung der Hauptwörter und stehen vor diesen.

Gemeinsam mit den Zahlwörtern (also bei gezählten Dingen) sind die Klassifikatoren praktisch obligatorisch.

➔ cái für Gegenstände:

cái bát	die (Ess)schale
cái bàn	der Tisch
cái giường	das Bett

Die drei allgemeinsten Klassifikatoren, mit denen viele Hauptwörter erfasst werden können, lauten cái, con und người.

➔ con für Tiere und einige bewegliche oder bewegte Dinge:

con trâu	Büffel	con sông	Fluss
con lợn	Schwein	con đường	Weg
con chuột	Ratte	con dao	Messer
con cá	Fisch	con tàu	Zug
con chim	Vogel	con mắt	Auge

➔ người für Personen:

người mẹ	die Mutter
người bác-sĩ	der Arzt
người em	das jüngere Geschwister

Darüber hinaus gibt es noch viele spezielle Klassifikatoren für bestimmte Gruppen von Dingen, Personen, Erscheinungen usw., die genauer sind als oben genannten.

Klassifikator für ...

Die Vietnamesen gebrauchen diese und noch viele weitere Klassifikatoren, verstehen aber auch den Ausländer mit seinem „cái-Kauderwelsch".

đôi	paarige Dinge
chiếc	ein Stück eines Paares; Schiffe, Wagen, Brücken
lá	Blätter, blattähnl. Dinge
tàu	große Blätter
bức	Bilder, Fotos u. ä.
tờ	Zeitungen u. ä.
bài	Texte, Lieder u. ä.
quả / trái (S)	Früchte
nước	Getränke
quyển, cuốn	Bücher, Hefte
cây	Pflanzen, Bäume, spitze Gegenstände
kè, thằng, đứa	Personen niederen Ranges
mảnh	Streifen, Stück (Land, Stoff ...)
miếng	Stück, Bissen, Mundvoll
sự, việc	Sache, Angelegenheit, Vorfall ...
cuộc	Handlungen, Tätigkeiten
manh	Matten, einfache Kleider
gói	Pakete, Ballen u. ä.
tính	Charakter, Natur, Veranlagung
tình	Gefühle, Gemütsbewegungen

Auch Verwandtschaftsbezeichnungen können als Klassifikatoren für Personen (also anstelle von người) gebraucht werden, z. B.:

ông *(Großvater)* wird zu „Herr":	
ông bác-sĩ	der Arzt, Herr Doktor
bà *(Großmutter)* wird zu „Frau":	
bà giáo-sư	die Professorin, Frau Professor
cô *(Tante)* wird zu „Fräulein":	
cô y-tá	die Krankenschwester

Weitere Möglichkeiten sind im Kapitel „Persönliche Fürwörter" zu finden. Die Anwendung wird schnell verständlich, wenn man sich erst einmal mit den persönlichen Fürwörtern etwas vertraut gemacht hat.

zusammengesetzte Hauptwörter

phòng	Zimmer
ngủ	schlafen
phòng ngủ	Schlafzimmer

nhà	Haus
khách	Gast
nhà khách	Gästehaus

vé	Karte, Billet
máy-bay	Flugzeug
vé máy-bay	Flugticket
hành-lý	Gepäck
vé hành-lý	Gepäckschein

màn	Vorhang, Gardine
muỗi	Mücke
màn muỗi	Mückennetz

Zusammengesetzte Hauptwörter werden genau anders herum gebildet als im Deutschen: erst das Grundwort, dann das Bestimmungswort.

Mehrzahl

Für eine bestimmte Anzahl von Dingen, Personen usw. setzt man das entsprechende Zahlwort vor den Klassifikator und das Hauptwort.

một cái bàn	ein Tisch
hai bức ảnh	zwei Fotos
ba con gà	drei Hühner
một người mẹ	eine Mutter
hai người bà	zwei Großmütter

Bei zweisilbigen Personenbezeichnungen ist nach Zahlwörtern die Verwendung eines Klassifikators nicht unbedingt erforderlich. Man kann also beides sagen:

hai ông bác-sĩ, hai bác-sĩ	zwei Ärzte
ba cô y-tá, ba y-tá	drei Krankenschwestern

Handelt es sich jedoch um eine unbestimmte Mehrzahl, verwendet man die Hilfswörter các und những. Sie werden vor den Klassifikator und das Hauptwort gestellt. các wird verwendet, wenn die Gesamtheit der vorhandenen Dinge, Lebewesen usw. gemeint ist:

các con mèo	die Katzen (alle)
các cái ghế	die Stühle (alle)

Für zweisilbige Personenbezeichnungen gilt auch hier, dass der Klassifikator entfallen kann.

các (người) sinh-viên	die Studenten (alle)

những nimmt man, wenn nur ein Teil der vorhandenen Dinge, Personen usw. gemeint ist

những con mèo	(die) Katzen (irgendeine Anzahl, aber nicht alle)
những sinh-viên	(die) Studenten (nicht alle)

Dieses & Jenes

Die hinweisenden Fürwörter „dieses" und „jenes" werden im Vietnamesischen mit den folgenden Wörtern wiedergegeben. Sie werden dem Hauptwort nachgestellt.

này	dieses (hier)	ấy	dieses (dort)
kia	jenes (hier)	đó	jenes (dort)

này und **kia** werden für Dinge, Lebewesen usw. verwendet, die sich in der Nähe des Sprechers befinden. Situationsbeispiel: Man wählt aus den vor einem liegenden Waren aus:

sách này   những bưu-thiếp kia
Buch dieses   *Mz Postkarten jene*
dieses Buch   jene Postkarten

ấy und **đó** werden gebraucht, wenn die betreffenden Dinge usw. vom Sprecher weiter entfernt sind oder im Gespräch bereits zuvor erwähnt wurden:

Bei Hauptwörtern, die von einem hinweisenden Fürwort begleitet werden, können Sie aber zusätzlich auch noch den passenden Klassifikator einfügen. Durch diesen wird dann ganz deutlich, dass sich das hinweisende Fürwort hier auf eine konkrete, inviduelle Sache oder Person bezieht. Ohne den Klassifikator könnte man das Nomen nämlich auch als allgemeine Gattungsbezeichnung verstehen („diese Art von Hotel", „jene Sorte von Buch").

khách-sạn đó
Hotel dieses
dieses Hotel *(dort drüben, zwei Straßen weiter)*

sách ấy
Buch jenes
jenes Buch *(von dem wir gerade sprachen)*

Für den Fall, dass Ihnen gerade kein passendes Hauptwort einfällt, greifen Sie zu den „Jokern" **cái này** und **cái kia** Damit können alle möglichen Gegenstände, Waren, Stücke usw. gemeint sein.

cái này
Ding dieses
dies

cái kia
Ding jenes
das

Geht es um Abstrakta wie Fragen, Angelegenheiten, Probleme, Sachen, Vorgänge, Pläne usw., wird **điều** *(Sache, Vorgang)* verwendet:

Điều này phức-tạp.
Sache dies schwierig
Das ist schwierig.

Eigenschaftswörter

Auch die Eigenschaftswörter sind unveränderlich und stehen immer nach dem Hauptwort, das sie näher bestimmen:

tàu-hỏa cũ
Eisenbahn alt
alte Eisenbahn(en)

ngôi chùa cổ
Klass. Pagode alt
die alte Pagode

ngôi chùa cổ này
Klass. Pagode alt diese
diese alte Pagode

Ngôi chùa này cổ.
Klass. Pagode diese alt
Diese Pagode ist alt.

Tàu-hỏa cũ này hỏng.
Eisenbahn alt diese kaputt
Diese alte Eisenbahn ist kaputt.

Wenn das Hauptwort von einem Eigenschaftswort begleitet wird, steht das hinweisende Fürwort ganz am Ende der Wortgruppe. Eigenschaftswörter können auch als Prädikat (Satzaussage) fungieren. Dann stehen sie an der Stelle des Verbs bzw. ganz am Ende des Satzes. Anders als im Deutschen gibt es hierbei kein Hilfsverb „sein" (ist, sind).

to	groß	nhỏ	klein
lớn	groß	bé	klein
nhiều	viel	ít	wenig
tốt	gut	xấu	schlecht,
đẹp	schön		hässlich
cao	hoch	thấp	niedrig
trẻ	jung	già	alt *(Mensch)*
mới	neu	cũ	alt *(Ding)*
		cổ	antik
bẩn	schmutzig	sạch	sauber
bận	beschäftigt	rỗi /	frei
		rành (S)	

chăm	fleißig	lười	faul
tươi	frisch	ôi	verdorben *(Speisen)*
nghèo	arm	giàu	reich
buồn	traurig	vui	fröhlich
chua	sauer	ngọt	süß
đặc	stark, dick *(Getränk)*	loãng	schwach, dünn
béo; mập (S)	dick	gầy; ốm (S)	dünn *(Lebewesen)*
khỏe	gesund	ốm; bệnh (S)	krank
dễ	einfach	khó	schwierig
nhẹ	leicht	nặng	schwer
xa	fern, weit	gần	nah
dài	lang	ngắn	kurz
ướt	feucht, nass	khô	trocken
chậm	langsam	nhanh	schnell
đúng	richtig	sai	falsch
cứng	hart	mềm	weich
rẻ	billig	đắt	teuer
mạnh	stark	yếu	schwach *(Kraft)*

Umstandswörter

Wird ein Eigenschaftswort als Umstandswort (Adverb) gebraucht, d. h. bezieht es sich auf eine Handlung und nicht auf ein Hauptwort, ändert es sich nicht in der Form. Auch hier gilt: Das Bestimmende steht nach dem Bestimmten:

Máy-bay này bay nhanh.
Flugzeug dieses fliegen schnell
Dieses Flugzeug fliegt schnell.

Steigerung & Vergleich

Der Komparativ (1. Steigerungsstufe) wird durch Anfügen von hơn *(mehr [als])* an das Eigenschaftswort gebildet.

đẹp	schön	đẹp hơn	schöner

Cái này đẹp hơn cái kia.
Ding dieses schön mehr-als Ding jenes
Dieses (hier) ist schöner als jenes (dort).

Der Superlativ (2. Steigerungsstufe) wird mit nhất *(höchst-)* gebildet, das ebenfalls nach dem Eigenschaftswort steht:

đẹp nhất	der / die / das schönste, am schönsten

bông-hoa đẹp nhất
Blume schön höchst
die schönste Blume

Die Intensität von Eigenschaften kann auf vier verschiedene Arten ausgedrückt werden:
    rất *(sehr)* steht vor dem Eigenschaftswort und wird völlig neutral gebraucht:

| rất đẹp | sehr schön | rất xấu | sehr hässlich |
| rất rẻ | sehr billig | rất đắt | sehr teuer |

lắm *(sehr)* steht nach dem Eigenschaftswort und wird besonders für positive Dinge (vom Standpunkt des Sprechers aus) verwendet:

Man kann jedoch auch durchaus đẹp quá *sagen, wenn* đẹp lắm *nicht stark genug erscheint:* đẹp quá! „zu schön!".

| đẹp lắm | sehr schön | hay lắm | sehr interessant |
| rẻ lắm | sehr billig | vui lắm | sehr lustig |

quá *(sehr, zu sehr)* wird gebraucht, wenn man etwas als übermäßig empfindet und somit als negativ bewertet:

xấu quá	sehr (zu) hässlich
đắt quá	sehr (zu) teuer
buồn quá	sehr (zu) traurig
chán quá	sehr (zu) langweilig, lästig

Ein besonders unter jungen Leuten beliebtes Wort ist auch cực *(äußerst, außerordentlich)*:

ngon cực
schmackhaft äußerst
etwa: „schmeckt wahnsinnig gut"

Farben

cái bút đen
Klass. Stift schwarz
der schwarze Stift

Bei Angabe von Farben kann man das Wort màu *(Farbe)* voranstellen, muss es aber nicht.

(màu) đen	schwarz
(màu) trắng	weiß
(màu) nâu	braun
(màu) tím	violett
(màu) xám	grau
(màu) vàng	gelb, golden
(màu) đỏ	rot
(màu) xanh	grün, blau
(màu) xanh lá cây	grün
(Farbe) grün Blatt Pflanze	
(màu) xanh da trời	blau
(Farbe) blau Haut Himmel	

Beschreibt man eine Farbe durch den Vergleich mit Dingen, empfiehlt es sich, màu dazu zu stellen:

màu da cam	orange(farben)
Farbe Haut Orange	
màu hồng	rosa (rosenfarben)
Farbe Rose	

Plakatwand in Ho-Chi-Minh-Stadt (Saigon)

Persönliche Fürwörter

Anders als im Deutschen kann man aber im Vietnamesischen persönliche Fürwörter, die sich auf das Subjekt des Satzes beziehen, auch ganz weglassen, wenn der Kontext deutlich ist.

Das Vietnamesische besitzt kaum neutrale persönliche Fürwörter und keine Unterscheidung zwischen „du" und „Sie". Statt dessen benutzt man Verwandtschaftsbezeichnungen. Es hängt vom Verhältnis zwischen den Sprechern ab, welches Verwandtschaftswort im Sinne von „ich", „du" usw. gebraucht wird.

Gesprächspartner	„ich"	„du / Sie"
z. B. 16-Jähriger	anh	em
	ält. Bruder	*jüng. Bruder*
z. B. 25-Jähriger	em	anh
z. B. 60-Jähriger	cháu	bác
	Neffe	*älterer Onkel*
der eigene Vater	con	bố
	Kind	*Vater*

Die Tabelle bezieht sich auf folgende Beispielsituation: Der Sprecher ist 20 Jahre alt und spricht mit einer anderen Person (dem „Gesprächspartner" der Tabelle). Dann verwendet er je nach dessen Alter für „ich" und „du / Sie" jeweils unterschiedliche Verwandtschaftswörter im Sinne unserer persönlichen Fürwörter.

Die jeweiligen Gesprächspartner ordnen sich also in ein soziales Gefüge, eine quasi familiäre Hierarchie ein, die in engem Zusammenhang mit den Einflüssen des Konfuzianismus in dieser Gesellschaft zu sehen ist.

Für den Europäer ergeben sich hierbei Probleme. Er ist gewohnt, wenigstens sprachlich „gleichberechtigt" zu verhandeln; das Lebensalter ist weder erster noch einziger Gradmesser allgemeiner Achtung.

Auch seitens der Vietnamesen besteht oft Unsicherheit darüber, wie Ausländer anzureden sind; sie gehören nun einmal nicht zur „Familie". So reden Vietnamesen deutlich jüngere Ausländer manchmal mit bạn (Freund) an, weil sie sich genieren em (jüngeres Geschwisterkind) zu sagen. Sich selbst bezeichnen sie aber gleichzeitig mit anh (älterer Bruder) oder chị (ältere Schwester).

Natürlich wird kaum erwartet, dass der Fremde mit dieser Problematik vertraut ist oder sich gar zum „Enkelchen" macht, wenn er mit einem alten Menschen spricht.

Es fällt uns in der Regel schwer, das Alter von Asiaten einzuschätzen und sich dementsprechend für eine angemessene „du"-Form usw. zu entscheiden.

„ich"
tôi (neutrales „ich"), auch: tui (S)

„du"
cháu („Enkel, Nichte, Neffe") zu Kindern
em („jüngeres Geschwister") zu jüngeren Personen
anh („älterer Bruder") zu gleichaltrigen und 10 bis 15 Jahre älteren Männern
chị („ältere Schwester") zu Frauen im eigenen Alter und 10 bis 15 Jahre älter
ông („Großvater") zu Männern, die 20 Jahre und mehr älter sind
bà („Großmutter") zu Frauen, die 20 Jahre und mehr älter sind

„er" / „sie"
anh ấy („älterer Bruder"); auch: ảnh (S)
ông ấy („Großvater"); auch: ổng (S)
chị ấy („ältere Schwester"); auch: chỉ (S)
bà ấy („Großmutter"); auch: bả (S)

Die nebenstehende vereinfachte Übersicht ist als ein Kompromiss anzusehen, mit dem sich der Tourist recht gut und vor allem höflich verständigen kann.

Als Anredeformen werden die 2. Person Einzahl und Mehrzahl gebraucht. Eine Übersicht über die Verwandtschafts-bezeichnungen, die an Stelle der persön-lichen Fürwörter gebraucht werden, findet man im Kapitel „Kleine Unterhaltung".

„wir"
chúng tôi („wir", aber nicht alle Anwesen-den eingeschlossen); auch: tụi tui (S)
chúng ta („wir", alle Anwesenden eingeschlossen); auch: tụi ta (S)
„ihr"
các anh („alle älterer Bruder")
các chị („alle älterer Schwester")
các ông („alle Großvater")
các bà („alle Großmutter")
„sie" (Mz)
họ (neutrales „sie")
các anh ấy („alle älterer Bruder jene")
các chị ấy („alle ältere Schwester jene")
các ông ấy („alle Großvater jene")
các bà ấy („alle Großmutter jene")

Kriterien für die Wahl der jeweiligen Ver-wandtschaftsbezeichnung sind also Ge-schlecht und Alter (Zuordnung in eine der beiden Gruppen). Im Zweifelsfalle sollte man den Betreffenden lieber „älter machen", als ihn zu jung einzuschätzen. Mit zunehmen-dem Alter steigt man in der „Rangordnung" und damit in der allgemeinen Achtung.

Als Ausweichform ohne Fürwort bleibt im-mer noch xin *(bitten)* plus Verb an Stelle einer direkten Anrede. Vermeiden Sie es jedoch tun-lichst, Menschen allein mit ihrem Namen an-zusprechen! Es ist üblich, auf jeden Fall ông, bà usw. vor den Namen zu setzen.

Besitzanzeigende Fürwörter

Besitzanzeigende Fürwörter im eigentlichen Sinn („mein, dein ...") gibt es nicht. Um Besitzverhältnisse anzuzeigen, verwendet man das Wort của *(Gut, Eigentum, Besitz)* und setzt es vor das jeweilige persönliche Fürwort. của entspricht hier „von":

áo của tôi
Hemd von ich
mein Hemd

mẹ của chị
Mutter von Schwester
deine Mutter

phòng của các anh
Zimmer von alle Bruder
euer Zimmer

áo tôi
Hemd ich
mein Hemd

mẹ chị
Mutter Schwester
deine Mutter

Mit einem Hauptwort zusammen kann của auch eine Satzaussage (Prädikat) bilden. Es wird dann mit „gehören" übersetzt:

Chiếc áo này của bố tôi.
Klass. Hemd dieses gehören Vater ich
Dieses Hemd gehört meinem Vater.

Cái nhà kia của gia-đình tôi.
Klass. Haus jenes gehören Familie ich
Jenes Haus gehört meiner Familie.

Bei eindeutigem Kontext kann của *entfallen, dabei insbesondere im Zusammenhang mit Familienmitgliedern, Körperteilen usw., z. B. tay tôi („Hand ich" = meine Hand). Diese Ausdrücke müssen ja logischerweise einen „Besitzer" haben, und dadurch wird* của *gewissermaßen überflüssig.*

Verben & Zeiten

Die vietnamesischen Verben sind ebenfalls unveränderlich und deshalb sehr leicht zu handhaben.

Gegenwart		
tôi ăn	*ich essen*	ich esse
anh ăn	*Bruder essen*	du isst
các anh ăn	*alle Bruder essen*	ihr esst

Geht aus der Situation nichts anderes hervor, kann man davon ausgehen, dass die jeweilige Handlung in der Gegenwart geschieht. Es ist auch möglich, die Gegenwärtigkeit zu betonen, indem man das Wort đang *(gerade)* vor das Verb setzt.

Da Reis für die Vietnamesen das Hauptnahrungsmittel ist, bedeutet „Reis essen" auch ganz allgemein „essen". Somit sagt man ăn cơm, *wenn man eigentlich nur* ăn *meint.*

Chị ấy đang ăn cơm.
Schwester-jene gerade essen Reis
Sie isst gerade.

Zukunft

Eine zukünftige Handlung drückt man aus, indem man das Hilfswort sẽ, das die Zukunft markiert, vor das Verb setzt:

Tôi sẽ ăn cá.
ich Zukunft essen Fisch
Ich werde Fisch essen.

Ngày-mai anh-ấy đi xem phim.

morgen Bruder-jener gehen sehen Film

Morgen wird er sich einen Film ansehen gehen.

Zeitangaben, die auf künftiges Geschehen verweisen, können ebenso die Zukünftigkeit einer Handlung kennzeichnen.

Vergangenheit

Um die Vergangenheit zu kennzeichnen, setzt man **đã** *(schon)* vor das Verb und **rồi** *(beendet)* hinter das Verb. Man kann **đã** auch weglassen; dann muss dem Verb aber unbedingt **rồi** folgen.

Sowohl in der Zukunft als auch in der Vergangenheit reicht aus, eine entsprechende konkrete Zeitangabe (z. B. „morgen", „vorgestern") zu verwenden. Der stärker grammatische Zeitstufenanzeiger ist dann überflüssig.

Anh-ấy đã ăn rồi. / Anh-ấy ăn rồi.

Bruder-jener schon essen beendet / Br. essen beendet

Er hat (schon) gegessen. / Er aß.

Hôm-kia anh-ấy ăn thịt chó.

vorgestern Bruder-jener essen Fleisch Hund

Vorgestern aß er Hundefleisch.

rückbezügliche Verben

Manche deutsche rückbezügliche Verben werden im Vietnamesischen durch nicht-rückbezügliche Verben wiedergegeben.

Echte rückbezügliche Sätze bildet man mit dem Wörtchen tự „selbst", das vor dem Verb steht und bei allen Personen gleich bleibt: tự rửa *„sich waschen" = „die eigene Person waschen".*

ngồi	sich setzen, sitzen
mừng	sich freuen
sợ hãi	sich fürchten

Ein nachgestelltes **nhau** *(einander)* drückt aus, dass man etwas miteinander tut.

gặp nhau	sich (= einander) treffen
chào nhau	sich (= einander) grüßen
hiểu nhau	sich (= einander) verstehen
yêu nhau	sich (= einander) lieben

wollen, können, müssen

Die Modalverben modifizieren ein anderes Verb (das Hauptverb der Satzaussage). Sie gehen diesem voran.

Tôi biết bơi.
Ich kann schwimmen.

nên	sollen	phải	müssen
muốn	mögen, wollen	biết	wissen, können
có thể	können		

Das deutsche Modalverb „dürfen" wird durch được ausgedrückt. Dies ist ein sehr häufig anzutreffendes Wort mit vielen Funktionen, von denen hier nur die wichtigsten vorgestellt werden sollen:

Beispiele	Bedeutung	Stellung
được nói *(reden dürfen)*	dürfen	vor dem Hauptverb
bay được *(fliegen können)*	fähig sein	nach dem Hauptverb
làm được *(machbar)*	Realisierbarkeit einer Handlung	nach dem Hauptverb
ăn được *(essbar)*		
được! *(möglich)*	Gut!; Das geht!; Es ist möglich!	Einzelwort

được tiền (Geld erhalten)	bekommen	Hauptverb
được mời (eingeladen werden)	Passivbildner	vor dem Hauptverb

Welche Bedeutung được gerade annimmt, wird in der Praxis schneller deutlich als in der Tabelle. Die Wörter, mit man được kombiniert, geben schon Hinweise auf die Bedeutung: được tiền ergäbe z. B. nie einen Sinn in Verbindung mit „dürfen" oder dem Passiv.

häufig gebrauchte Verben

bắt-đầu	beginnen, anfangen
kết-thúc	beenden
xem	ansehen, betrachten
nhìn-thấy	sehen, erblicken
ăn	essen
uống	trinken
bay	fliegen (aktiv)
đi máy-bay	fliegen (im Flugzeug) gehen Maschine-fliegen
hỏi	fragen
trả lời	antworten zurückgeben Wort
đi	gehen, fahren
đi chơi	spazieren gehen, ausgehen gehen spielen
giúp	helfen

	sửa-chữa	reparieren
	mua	kaufen
	bán	verkaufen
	học	lernen
	ghi	notieren
	đọc	lesen
	viết	schreiben
	nằm	liegen, sich hinlegen
	chạy	laufen, rennen
	thích	gern haben, mögen
	yêu; thương (S)	lieben
	ghét	hassen
	ngủ	schlafen
	nghỉ	ruhen, sich erholen
	bơi	schwimmen
	tắm	baden
„sein" + Hauptwort	là	(etwas) sein
(bei Eigenschafts-	có	haben
wörtern steht kein	nói	sprechen, sagen
Verb)	nghe	hören
	tìm	suchen
„suchen sehen"	tìm thấy	finden
	hẹn	verabreden
	gặp (nhau)	(sich) zufällig treffen
	quên	vergessen
	nhớ	sich erinnern
	biết	wissen
	đoán	raten, (ab)schätzen
bzw. „sein" +	ở	wohnen, sich befinden
Ortsangabe	làm	machen, tun

Aufforderungen

Ebenso wie für die Bildung der Zeiten werden auch für Aufforderungen spezielle Hilfswörter, so genannte Partikeln, gebraucht:

Die Partikel nhé und đi stehen am Schluss des Satzes, der dadurch den Charakter einer Aufforderung erhält:

Anh nói đi!
Bruder sprechen Auff.
Sprich!

Các anh nói đi!
alle Bruder sprechen Auff.
Sprecht!

Ta đi nhé!
wir gehen Aufford.
Gehen wir! Lasst uns gehen!

Das persönliche Fürwort kann bei der Verwendung von đi und nhé auch entfallen.

Nói đi!
Sprich!

Đi đi!
Geh! Hau ab!

Eine dritte Aufforderungspartikel, hãy, steht vor dem Verb. Es ist dabei möglich, zusätzlich noch đi an das Ende des Satzes zu stellen:

Anh hãy nói (đi)!
Bruder Aufford. sprechen (Aufford.)
Sprich!

Diese Aufforderungen sind alle sehr direkt und nur dann zu verwenden, wenn man auch im Deutschen geradeheraus „Sprich!" usw.

Verbote drückt man mit đừng *aus. Es hat keine direkte Entsprechung im Deutschen (aber vgl. Englisch „don't"). Seine Position ist vor dem Verb.*

sagen würde. Bei Älteren und Höhergestellten verwendet man Varianten wie im Kapitel „Bitten, Danken, Wünschen" beschrieben.

Đừng đi!	Đừng nói!
Geh nicht!	Sprich nicht!

Đừng làm phiền tôi!   Đừng vội!
tu-nicht machen stören ich   *tu-nicht eilen*
Stör mich nicht!   Nur keine Eile!

Verneinung

Tätigkeits- und Eigenschaftswörter werden verneint, indem man das Verneinungswort **không** *(nicht)* vor das betreffende Wort setzt:

không đi	nicht gehen
không tốt	nicht gut

Hauptwörter, die in Kombination mit **là** „sein" die Satzaussage bilden (z. B. „Ich bin Arzt"), werden folgendermaßen verneint.

không phải là ...   **Tôi là bác-sĩ.**
nicht wahr sein ...   *ich sein Arzt*
kein ... sein   Ich bin Arzt / Ärztin.

Tôi không phải là bác-sĩ.
ich nicht wahr sein Arzt
Ich bin kein/e Arzt / Ärztin.

Fragen & Antworten

Ständig trifft man auf die Wörter có *(haben; [vorhanden] sein)* und không *(nein, nicht)*. Sie dienen u. a. zur Konstruktion von Entscheidungsfragen (Ja-Nein-Fragen) bei Verben und Eigenschaftswörtern.

Entscheidungsfragen

Có ... không?
haben ... nicht
Gibt es ... ? / Ist es ... ?

Có ngon không?
haben schmackhaft nicht
Schmeckt es (oder nicht)?

Có khỏe không?
haben gesund nicht
Geht es Ihnen gut (oder nicht)? *(gesundheitlich)*

| có | ja (gibt es; es ist so) |
| không | nein (gibt es nicht; es ist nicht so) |

Die Verwendung von có als bejahende Antwort auf die có ... không-Frage weist bereits darauf hin, dass im Vietnamesischen häufig mit einem Satzteil und gar nicht so sehr mit den „neutralen" Wörtern für „ja" (vâng, im Süden dạ) geantwortet wird. Es ist auch möglich, anstelle von có mit dem Einzelwort zu antworten, nach dem gefragt wurde, z. B.:

Ngon.
schmackhaft
Ja, es schmeckt.

Der Bestandteil không „oder nicht" gehört bei vietnamesischen Ja-Nein-Fragen zwingend dazu.

= Wie geht es Ihnen?

Die beiden typischen Antworten auf eine solche Ja-Nein-Frage sind bereits in der vietnamesischen Satzkonstruktion mitenthalten.

Will man eine Ja-Nein-Frage zu einem Hauptwort als Satzaussage formulieren (z. B. „Sind Sie Arzt?"), so geht man von der Konstruktion zur Verneinung des Hauptwortes als Satzaussage không phải là *(nicht wahr sein)* aus und baut darauf die Ja-Nein-Frage auf:

Có phải là ... không?
haben wahr sein ... nicht

Ông có phải là bác-sĩ không?
Großvater haben wahr sein Arzt nicht
Sind Sie Arzt?

Es empfiehlt sich, diese etwas kompliziertere Wortverbindung im Ganzen zu lernen, ohne sie in ihre Bestandteile zu „zerlegen".

Will man nicht nach einzelnen Satzteil fragen, sondern nach dem Inhalt des Satzes insgesamt, kann man die folgende Fragekonstruktion verwenden:

Aussagesatz + ... phải không?
              ... wahr nicht
              ... nicht wahr?

Anh sang đây bằng máy-bay phải không?
Bruder hinüberfahren hier mit Maschine-fliegen wahr nicht
Sie sind mit dem Flugzeug gekommen, nicht wahr?

Ergänzungsfragen (Fragen mit Fragewort)

ai?	wer?
cho ai? *(für wer)*	für wen?
của ai? *(von wer)*	wessen?
nào?	welche/r/s?
gì?	was?
cái gì? *(Stück was)*	was für ein?
sao?	was? wie bitte?
làm sao? *(machen was)*	wie?
tại sao? *(wegen was)*	warum?
vì sao? *(Grund was)*	warum?, wozu?
bao giờ? *(wie Zeit)*	wann?
bao lâu? *(wie lange)*	wie lange?
bao lần? *(wie Mal)*	wie oft?
bao nhiêu?	wie viel?
bao xa?	wie weit?
ở đâu? *(sich-befinden wo)*	wo?

Das Fragewort steht im Fragesatz an der Stelle, an der im entsprechenden Aussagesatz (also gewissermaßen in der Antwort auf diese Frage) der erfragte Satzteil steht.

Ai bán vé?
wer verkaufen Karte
Wer verkauft Karten?

Tôi phải đi đâu?
ich müssen gehen wo
Wohin muss ich gehen?

Verhältniswörter

Die deutschen Verhältniswörter (Präpositionen) werden im Vietnamesischen teilweise auf ganz andere Art als bei uns ausgedrückt. Hier erst einmal eine Übersicht:

Orts- & Zeitangaben

Wichtige nicht-räumliche Verhältniswörter sind:
với „mit";
bằng „mit Hilfe von (Instrument)" / „aus (Material)";
vì „wegen".
Für „ohne" sagt man am besten không có *„nicht haben".*

trong	in (örtl. / zeitl.)
ở	in, an, bei
tại	in (größere Räume / Städte)
trước	vor (örtl. / zeitl.)
sau	nach (örtl. / zeitl.), hinter
trên	über
dưới	unter
bên cạnh	neben
giữa	zwischen, inmitten
ngoài	außerhalb

trong ba giờ
in drei Stunden

sau nhà
hinter dem Haus

Viele der vietnamesischen Verhältniswörter sind „nebenher" Hauptwörter oder Verben. Daneben verfügt die Sprache über so genannte Richtungsverben. Dies sind echte Tätigkeitswörter, die die Richtung einer Bewegung beschreiben (z. B. „hineinbewegen"). Auf welche Art die Bewegung erfolgt (z. B. „gehen" oder „fahren") wird dabei nicht konkretisiert.

Tôi vào nhà.
ich hineinbewegen Haus
Ich gehe ins Haus.

Will man genauer angeben, auf welche Art die Bewegung erfolgt, wird das entsprechende konkrete Verb (also „gehen", „fahren") vor das Richtungsverb gesetzt. Letzteres funktioniert dann wie ein richtungsanzeigendes Umstandswort bei uns („hinein", „heraus").

Tôi đi vào nhà.
ich gehen hineinbewegen Haus
Ich gehe ins Haus. (*gehen*, nicht z. B. *springen*)

In der zweiten Spalte der folgenden Liste steht die Bedeutung des Richtungsverbs als eigenständiges Verb, in der dritten seine Bedeutung als Ersatz eines deutschen Verhältniswortes.

Werden die Richtungsverben als eigenständige Verben verwendet, wählt man für die Übersetzung ins Deutsche die Bewegungsart, die der beschriebenen Situation am ehesten entspricht (z. B. „läuft" bei einem Hund, „fliegt" bei einem Flugzeug usw.).

lên	hinaufbewegen	auf, hinauf
xuống	hinunterbewegen	hinunter
vào	hineinbewegen	in, hinein
ra	hinausbewegen	aus, hinaus

Richtungsangaben

(tay) phải	(nach) rechts, rechter Hand
(tay) trái	(nach) links, linker Hand
thẳng	gerade(aus)
rẽ phải	nach rechts abbiegen
đi thẳng	geradeaus gehen

Bindewörter

Die Bindewörter (Konjunktionen) werden wie im Deutschen gebraucht. Allerdings ändert sich auch im Nebensatz die Wortstellung Subjekt – Prädikat – Objekt nicht.

và, còn	und
hoặc là, hay là	oder
cũng	auch
nhưng, mà	aber
dù sao	trotzdem
rằng, là	dass *(bei indirekter Rede)*
như, như là	so wie *(Art und Weise)*
vì	weil
vì thế, cho nên	deshalb
khi	als, wenn *(zeitl.)*

© sacasonrias@fotolia.com

Obsthändler zu Wasser

Zahlen & Zählen

Das vietnamesische Zahlensystem ist sehr regelmäßig aufgebaut. Im Gegensatz zum Deutschen stehen die Einer nach dem Zehner, und nicht davor (also wie bei den Ziffern).

Grundzahlen

0	không		
1	một	6	sáu
2	hai	7	bảy
3	ba	8	tám
4	bốn	9	chín
5	năm	10	mười

11	mười một *(zehn eins)*
12	mười hai *(zehn zwei)* usw.
15	mười lăm *(zehn fünf)*
	(Achtung: lăm steht hier für năm)

Ab 11 werden zusammengesetzte Zahlen gebildet.

20	hai mươi *(zwei zehn)*
21	hai mươi mốt *(zwei zehn eins)*
	(Achtung Tonwechsel: mốt, nicht một)
22	hai mươi hai *(zwei zehn zwei)* usw.
25	hai mươi nhăm *(zwei zehn fünf)*
	(Achtung: nhăm steht hier für năm)
30	ba mươi *(drei zehn)*
40	bốn mươi *(vier zehn)* usw.

Ab 20 ändert das Zahlwort für die Zehner den Ton und wird zu mươi, für „vier" verwendet man bốn oder aber tư (gilt als wohlklingender).

„Hundert(er)" heißt trăm.

100	một trăm
	eins hundert
101	một trăm linh một
	eins hundert null eins
	(Achtung: hier wieder die Form một)
102	một trăm linh hai usw.
	eins hundert null zwei
110	một trăm mười
	eins hundert zehn
120	một trăm hai mười
	eins hundert zwei zehn
200	hai trăm
	zwei hundert

„Tausend" heißt nghìn oder ngàn. Beide Wörter sind völlig gleichwertig im Gebrauch.

1.000	một nghìn (ngàn)
	eins tausend
1.001	một nghìn linh một
	eins tausend null eins
1.100	một nghìn một trăm
	eins tausend eins hundert
2.000	hai nghìn
	zwei tausend
10.000	mười nghìn, một vạn
	zehn tausend, eins zehntausend

Für „Zehntausend" gibt es auch ein eigenes Zahlwort vạn, das die Vietnamesen vorziehen.

20.000	hai vạn
	zwei zehntausend
	hai mươi nghìn
	zwei zehn tausend
100.000	mười vạn
	zehn zehntausend
	một trăm nghìn
	eins hundert tausend
1000.000	một triệu
	eins Million
1000.000.000	một tỷ¢
	eins Milliarde

Wie man weiter oben sehen konnte, drückt man im Vietnamesischen die Nullstellen bei den Zahlen über 100 sprachlich aus, und zwar mit linh, alternativ auch mit lẻ.

Ordnungszahlen

Ordnungszahlen werden gebildet, indem man das Wort thứ *(Reihenfolge)* vor die jeweilige Grundzahl setzt. Eine Ausnahme ist die Form nhất bei „erster". Für „vier" steht hier immer tư.

1.	thứ nhất
2.	thứ hai
3.	thứ ba
4.	thứ tư
5.	thứ năm *usw.*

Zeitangaben

Hier zunächst die wichtigsten allgemeinen Zeitbegriffe.

Zeitbegriffe	
sau đó	danach
ngày xưa	früher, vor langer Zeit
hiện tại	gegenwärtig, zur Zeit
nửa tiếng	halbe Stunde
hiện nay	heutzutage
luôn luôn	immer
năm	Jahr
thế kỷ	Jahrhundert
bây giờ	jetzt
vừa qua	kürzlich
thỉnh thoảng	manchmal
phút	Minute
lúc	Moment
tháng	Monat
không bao giờ	niemals
thường	oft
đúng giờ	pünktlich
giây	Sekunde
ngay	sofort
giờ, tiếng	Stunde
ngày, hôm	Tag
muộn	zu spät
đến muộn	zu spät kommen

hôm nay	heute
hôm qua	gestern
ngày mai	morgen
hôm kia	vorgestern
ngày kia	übermorgen

sáng nay	heute früh
trưa nay	heute Mittag
chiều nay	heute Nachmittag
tối nay	heute Abend
đêm nay	heute Nacht

Tageszeiten

Die hier angeführten Uhrzeiten sind nur ungefähre Angaben.

buổi sáng	Morgen, morgens *(2 bis 10 Uhr)*
buổi trưa	Mittag, mittags *(11 bis 14 Uhr)*
buổi chiều	Nachmittag, nachmittags *(15 bis 18 Uhr)*
buổi tối	Abend, abends *(19 bis 22 Uhr)*
đêm	Nacht *(23 bis 2 Uhr)*
ban đêm	nachts

vào buổi sáng
in Zeitraum Morgen
am Morgen

Uhrzeit

Die Uhrzeit lässt sich mit den Grundzahlen und giờ (Zeit, Stunde) ausdrücken. Von der halben Stunde an zieht man die Minuten von der vollen Stunde ab.

9:00 Uhr	chín giờ
	neun Uhr
9:15 Uhr	chín giờ mười lăm
	neun Uhr zehn fünf
9:30 Uhr	chín giờ ba mươi
	neun Uhr drei zehn
9:45 Uhr	mười giờ kém mười lăm
	zehn Uhr weniger zehn fünf
9:55 Uhr	mười giờ kém năm
	zehn Uhr weniger fünf

In Vietnam macht man Zeitangaben nach der 12-Stunden-Zeit. Um Missverständnisse zu vermeiden, setzt man z. B. bei Verabredungen zur Stunde noch die Tageszeit hinzu.

8 Uhr	tám giờ sáng
	acht Uhr Morgen
12 Uhr	mười hai giờ trưa
	zehn zwei Uhr Mittag
14 Uhr	hai giờ chiều
	zwei Uhr Nachmittag
20 Uhr	tám giờ tối
	acht Uhr Abend
23 Uhr	mười một giờ đêm
	zehn eins Uhr Nacht

Bây-giờ là mấy giờ?
jetzt sein wie-viel Stunde
Wie spät ist es?

Bây-giờ là bốn giờ (chiều).
jetzt sein vier Stunde (Nachmittag)
Es ist 4 Uhr (nachmittags).

Wochentage

(ngày) thứ hai	Montag
(Tag) Reihenfolge zwei	
(ngày) thứ ba	Dienstag
(Tag) Reihenfolge drei	
(ngày) thứ tư	Mittwoch
(Tag) Reihenfolge vier	
(ngày) thứ năm	Donnerstag
(Tag) Reihenfolge fünf	
(ngày) thứ sáu	Freitag
(Tag) Reihenfolge sechs	
(ngày) thứ bảy	Samstag
(Tag) Reihenfolge sieben	
(ngày) chủ nhật	Sonntag
(Tag) Herrscher Sonne	

Monate

tháng giêng	Januar
tháng hai	Februar
tháng ba	März
tháng tư	April
tháng năm	Mai
tháng sáu	Juni
tháng bảy	Juli
tháng tám	August
tháng chín	September
tháng mười	Oktober

Die Monatsnamen werden, mit Ausnahme von Januar, November und Dezember, regelmäßig gebildet, indem man die entsprechende Grundzahl hinter das Wort tháng (Monat) setzt. Beim April wird wiederum die Zahlwortvariante tư verwendet.

tháng mười một, tháng một	November
tháng mười hai, tháng chạp	Dezember

Datum

Hôm-nay là ngày mấy?
heute sein Tag wie-viel
Der Wievielte ist heute?

Hôm-nay là ngày mồng-ba tháng sáu.
heute sein Tag dritter Monat sechs
Heute ist der dritte Juni.

Hôm-nay là thứ mấy?
heute sein Reihenfolge wie-viel
Welcher (Wochen-)Tag ist heute?

Hôm-nay là thứ sáu, ngày mười ba
tháng mười năm hai nghìn.
heute sein Reihenfolge sechs (= Freitag)
Tag zehn drei Monat zehn Jahr zwei tausend
Heute ist Freitag, der 13. Oktober 2000.

Jahreszeiten

mùa	Jahreszeit, Saison
mùa xuân	Frühling
mùa hè	Sommer
mùa thu	Herbst
mùa đông	Winter

Maße & Mengen

mét	Meter
cây số, ki-lô-mét	Kilometer
mét vuông	Quadratmeter
đồng	Dong *(vietnames. Währung)*
lít	Liter
nửa lít	halber Liter
gam	Gramm
ki-lô, cân	Kilogramm

mấy	einige, wenige
nhiều	viel, viele
(một) ít,	(ein) wenig, wenige, etwas,
(một) chút	(ein) bisschen

Werden diese Mengenbezeichnungen mit einem Hauptwort verbunden, so stehen sie vor diesem:

mấy người	nhiều tiền
wenige Menschen	viel Geld

Häufig gebraucht wird auch chục, das „etwa zehn" bedeutet und mit dem deutschen „Dutzend" verglichen werden kann.

một chục đồng	zehn Dong
chục quả	(ungefähr) zehn Früchte
hai chục năm	(zirka) zwanzig Jahre

© TMAX@fotolia.com

Cao-Đài-Tempel in Tây Ninh nahe Saigon

Kurz-Knigge

Bei aller Exotik ist Vietnam für Touristen eher ein „einfaches" Land. Das liegt nicht etwa daran, dass dort die gleichen Umgangsnormen gelten würden wie bei uns. Das vietnamesische Wertesystem wird vor allem durch Einflüsse des Konfuzianismus und des Buddhismus geprägt. Die Moralvorstellungen sind zum Teil sehr verschieden von denen der Tây (*„Westler"*).

Was es dem Fremden so leicht macht, ist ganz einfach die Tatsache, dass die Vietnamesen ihn und sein Verhalten mit einer anderen Elle messen als ihre eigenen Leute. So hält man es z. B. für normal, dass eine Europäerin raucht oder ein Café besucht. Für eine „anständige" Vietnamesin schickt sich so etwas schon weniger. Ähnlich verhält es sich in vielen anderen Fragen.

Die Vietnamesen haben übrigens ein feines Gespür für die Einstellung Fremder ihnen gegenüber. Sie wissen Mimik und Gestik der Tây sehr wohl zu deuten, auch, wenn sie sich das nicht anmerken lassen. Ein Verhalten, das fatale Erinnerungen an vergangene Zeiten der Fremdherrschaft weckt, wird schwerlich große Begeisterung hervorrufen.

Der Ausländer kann sich also getrost so benehmen, wie es seinem Verständnis von Höflichkeit und guten Sitten entspricht.

Achtung & Respekt Achtung vor Älteren und unbedingter Familienzusammenhalt sind zentrale Normen im Leben der Vietnamesen.

Höflichkeit & Gelassenheit Ruhe und Gelassenheit sind ein Zeichen für „Haltung", die man besser wahren sollte. Man lässt sich nicht gehen, wird weder ungeduldig noch wütend. Vietnamesen sind ausgesprochen höflich und liebenswürdig und schätzen diese Eigenschaften auch an anderen.

Freundlichkeit Mit Freundlichkeit und Geduld wird man auch das seltsamste Anliegen eher durchsetzen können als sein „gutes Recht", wenn es unwirsch oder gar laut eingefordert wird. Lächeln ist eine „Höflichkeit des Herzens", die wohl rund um den Erdball verstanden wird. Den Vietnamesen dient es aber auch in unschönen Situationen zum Verbergen der Gefühle (Trauer, Schmerz usw.).

Bescheidenheit Bescheidenheit und Zurückhaltung sind in der vietnamesischen Tradition Zeichen guter Erziehung. Es gilt als besonders höflich, sein „Licht unter den Scheffel zu stellen", um seinem Gegenüber Respekt zu zollen. Auch für den Fremden ist das gut zu wissen: Man lässt sich z. B. nicht loben oder danken, ohne die eigene gute Tat, Eigenschaft usw. verbal abzuwerten.

Gespräche & Zusammenkünfte Für Gespräche mit Vietnamesen gilt: Man fällt nicht mit der Tür ins Haus, sondern kreist das zu klärende Problem langsam ein. Der obligatorisch angebotene Tee dient ebenso wie Fragen nach dem Befinden, dem Verlauf der Reise usw. dazu, eine geeignete

Gesprächsatmosphäre zu schaffen. Ist man selbst der Gastgeber (d. h. im Hotel), sollte man Besuchern ebenfalls etwas zu trinken anbieten (mit den Worten: Mời ông uống nước). Das dürfte kein Problem sein, da in vielen Hotelzimmern die entsprechende Grundausstattung (Teekanne, Tassen, Thermoskanne mit heißem Wasser, meist auch grüner Tee) vorhanden ist.

Ablehnen

Direkte Ablehnungen (Không được!) sollte man – wenn es irgend möglich ist – vermeiden und dafür eine diplomatische Formulierung finden. Umgekehrt darf man nicht erwarten, dass Vietnamesen ohne weiteres ein direktes Nein über die Zunge käme. Sie werden stets versuchen, die Antwort so zu formulieren, dass keine schroffe Ablehnung ausgesprochen werden muss.

Zeigen Sie Einfühlungsvermögen und erspüren Sie, was wirklich gemeint sein dürfte, wenn Sie ein gequältes „j-a-a, vielleicht!" hören.

Lautstärke

Nicht unwichtig ist auch die Lautstärke, in der man diskutiert. Das gilt besonders für strittige Fragen: Je weniger man sich einig ist, desto leiser wird die Auseinandersetzung geführt! Wer laut wird, hat schon verloren – den Streit auf jeden Fall, manchmal auch gleich noch das Gesicht.

Kleidung

Die Vietnamesen legen großen Wert auf saubere, korrekte Kleidung und persönliche Hygiene. Ein „reicher" Tây im Schmuddel-Look passt nicht in ihre Vorstellungswelt. Kommen Tây schweißtriefend, barfuß und womöglich noch mit freiem Oberkörper in ein Restaurant, so wird das von den Vietnamesen als schwere Missachtung ihnen gegenüber aufgefasst. Als ein Schreckensbegriff der allerjüngsten Vergangenheit in Vietnam kann wohl du-lịch ba-lô *(Rucksacktourist)* gelten. Nicht der ba-lô ist dabei das Problem, sondern die mangelhafte persönliche Hygiene und das vernachlässigte Äußere mancher derartiger Tây. Vietnamesen achten auch in der größten Hitze und unter den widrigsten Bedingungen auf Sauberkeit und „Kleiderordnung". Wer nur ein Hemd hat, der wäscht es jeden Abend, um am nächsten Morgen wieder sauber angezogen zu sein. Hier gilt kein „es gab kein warmes Wasser"!

Reichtum Touristen werden durchweg als nặng Đô („*Dollar-schwer*") eingeschätzt. Eine gewisse Zurückhaltung bei Kleidung und Ausrüstung (bzw. bei der Demonstration von „Reichtum") dient unter Umständen der persönlichen Sicherheit und erspart Ärger.

Körpersprache Auch in der Körpersprache zeigen Vietnamesen große Zurückhaltung. Wildes Gestikulieren entspräche kaum der geforderten Beherrschung der Gefühle. Will man jemanden heranwinken, tut man das mit nach unten weisender Handfläche, wobei die Bewegung ganz unauffällig aus dem Handgelenk kommt.

Geschenke Geschenke werden oft scheinbar achtlos beiseite getan. Aufgeregtes Auspacken und Begeisterungsschreie entfallen.

Betreten von Räumlichkeiten Wichtig: In Pagoden und Wohnräumen (auf jeden Fall vor Betreten einer Matte) zieht man die Schuhe aus.

Wer nun fürchtet, die Vietnamesen seien alle schrecklich förmlich und nur auf Etikette bedacht, dem sei diese Angst genommen. Man muss nur auf die Straßen, die Märkte gehen, Bekanntschaften schließen, den Händlerinnen zuschauen, das Volk in seinem Alltag kennen lernen, und man wird feststellen, dass der sehr diesseitige, teils gar derbe Humor der Vietnamesen, ihre Spottlust und ihre Freude am Lachen durch die konfuzianische Korsage nichts an Lebenskraft eingebüßt haben.

Begrüßen & Verabschieden

Die Grußformel chào *(grüßen)* + persönliches Fürwort gilt für den ganzen Tag.

Chào ông!	*grüßen Großvater*	
Chào bà!	*grüßen Großmutter*	Seien Sie
Chào anh!	*grüßen Bruder*	gegrüßt!
Chào chi!	*grüßen Schwester*	

Die direkte Anrede umgeht man mit xin *(bitten):*

🔊 Xin chào!
bitten grüßen
Seien Sie gegrüßt!

Mit einem Smartphone können Sie sich die mit einem 🔊 gekennzeichneten Sätze dieses Kapitels anhören. Scannen Sie einfach den QR-Code mit Hilfe einer kostenlosen App (z. B. „Barcoo" oder „Scanlife").

Unter guten Bekannten und Freunden, die man mehrmals am Tage trifft, heißt es anstelle eines förmlichen Grußes oft:

🔊 **(Anh) đi đâu?**
(Bruder) gehen wo
Wohin gehst du?

🔊 **(Anh) đi đâu về?**
(Bruder) gehen wo zurück
Woher kommst du?

Wenn man sich zur Erwiderung dieses Grußes nicht gleich auf die bloße Wiederholung der Frage beschränkt, reicht schon eine sehr allgemein gehaltene Antwort aus.

🔊 **(Tôi) đi chơi.**
(ich) gehen spielen
Ich gehe aus (spazieren).

🔊 **(Tôi) đi làm về.**
(ich) gehen arbeiten zurück
Ich komme von der Arbeit.

Für die Verabschiedung gibt es eine sehr förmliche Möglichkeit:

🔊 **Tạm biệt!**
vorläufig trennen
Auf Wiedersehen!

🔊 **Xin tạm biệt!**
Darf ich mich verabschieden?

Unter Freunden sagt man dagegen einfach, dass man gehen möchte:

🔊 **Tôi về đây.**
ich zurückkehren hier
Ich gehe dann.

Về nhé!
zurückkehren Aufford.
Ich gehe, ja?

Bitten, Danken, Wünschen

Sehr höflich ist xin *(bitten)*. Praktisch jede Art von Aufforderung lässt sich in Form einer Bitte vorbringen.

Bitten

🎵 **Xin mời ông vào đây.**
bitten einladen Großvater hinein hier
Kommen Sie bitte herein!

🎵 **Xin các anh đến đúng giờ!**
bitten alle Bruder kommen richtige Zeit
Seien Sie *(Mz)* bitte pünktlich!

Bei xin kann man die Anrede (du, Sie ...) weglassen und sich dadurch die Suche nach dem passenden Fürwort-Ersatz ersparen.

Mời *(einladen)* kann verwendet werden, wenn man jemanden einlädt, etwas zu tun:

🎵 **Mời anh ngồi!**
einladen Bruder setzen
Bitte, setz dich / setzen Sie sich doch!

🎵 **Mời chị uống nước!**
einladen Schwester trinken Wasser
Bitte, trink (trinken Sie)!

uống nước übersetzt man einfach nur mit „etwas trinken". Es wird dabei aber durchaus nicht nur klares Wasser angeboten.

Bittet man selbst um etwas, verwendet man folgende Konstruktion:

🎵 **Cho (phép) tôi ...**
geben (Erlaubnis) ich ...
Gestatten Sie mir ...

Das in Klammern genannte Wort phép *(Erlaubnis)* des letzten Satzes kann entfallen. Es ist mitangeführt, um deutlich zu machen, dass cho *(geben)* hier letztlich für den Ausdruck cho phép *(gestatten, erlauben)* steht.

Chị cho tôi xem cái này.

Will man die direkte Anrede umgehen, beginnt man den Satz so:

Schwester geben ich ansehen Ding dieses
Würden Sie mir bitte dieses hier zeigen?

Cho phép tôi hỏi một câu: ...
geben Erlaubnis ich fragen ein Satz
Gestatten Sie eine Frage: ...

đề-nghị *(vorschlagen)* ist schon sehr offiziell. Es ist völlig korrekt, aber dabei weniger herzlich als xin und mời:

Đề-nghị ông chờ một tí!
vorschlagen Großvater warten ein wenig
Wenn Sie bitte einen Moment warten wollen.

yêu-cầu *(fordern, verlangen)* sollte man nur dann verwenden, wenn alle vorher beschriebenen Varianten ohne Wirkung bleiben.

Tôi yêu-cầu ông trả-lại luôn số tiền này!
ich verlangen Großvater zurückgeben sofort Anzahl Geld dieses
Geben Sie mir das Geld sofort wieder!

Für „Bitte!" im Sinne von „gern geschehen", „macht nichts", „nicht der Rede wert" u. ä., also als höfliche Entgegnung auf einen Dank verwendet, gibt es zwei Formen, die sich durch ihren Höflichkeitsgrad unterscheiden. Beide werden als feste Wendung gebraucht.

🕊 Không sao!
nicht was
Bitte! Macht nichts! *(gegenüber Gleichrangigen bzw. nicht wesentlich Höhergestellten)*

🕊 Không dám!
nicht wagen
Bitte, keine Ursache! *(d. h.: „nicht wagen, den Dank anzunehmen"; besonders höfliche Form gegenüber Respektpersonen)*

Danken

🕊 Cảm ơn!
fühlen Dank
Danke!

🕊 Rất cảm ơn!
sehr fühlen Dank
Danke sehr!

🕊 Xin cảm ơn!
bitten fühlen Dank
Ich bedanke mich!

🕊 Cảm ơn nhiều!
fühlen Dank viel
Vielen Dank!

Wünschen

Wünscht man jemandem etwas oder gratuliert ihm, benutzt man das Verb chúc *(wünschen)* bzw. chúc-mừng *(gratulieren)*.

chúc hạnh-phúc
wünschen Glück
Glück wünschen

🔊 Chúc năm mới hạnh-phúc!
wünschen Jahr neu Glück
Alles Gute zum neuen Jahr!

🔊 Xin chúc-mừng!   🔊 Chúc sức khỏe!
bitten gratulieren   *wünschen Kraft Gesundheit*
Gratuliere!   Auf die Gesundheit!
                                (Trinkspruch)

Kleine Unterhaltung

Ist man als Individualreisender im Lande unterwegs, kann man als Europäer möglicherweise Nga! *(Russe)* oder Mỹ! *(Amerikaner)* als Anrede zu hören bekommen. Wenn man dann klarstellen möchte, woher man wirklich kommt, sagt man folgendes:

Không phải Nga / Mỹ (đâu)!
nicht wahr Russe / Amerikaner (überhaupt)
Ich bin (überhaupt) kein Russe / Amerikaner.

🔊 Tôi là người Đức / Áo / Thụy-sĩ.
ich sein Mensch deutsch / österreichisch / schweizerisch
Ich bin Deutscher / Österreicher / Schweizer.

🎵 (Nước) Đức thì giàu.
(Land) deutsch sein reich
Deutschland ist reich.

🎵 Có giàu, nhưng rét lắm / rét quá.
haben reich aber kalt sehr / kalt zu-sehr
Ja, es ist reich, aber sehr kalt / zu kalt.

🎵 Anh nói tiếng Việt à?
Bruder sprechen Sprache Vietnamesisch ach
Ach, Sie sprechen Vietnamesisch?

🎵 Biết một chút thôi.
wissen ein wenig nur
Ich kann es nur ein wenig.

🎵 Mới bắt-đầu học tiếng.
gerade beginnen lernen Sprache
Ich habe gerade erst begonnen, die Sprache
zu lernen.

🎵 Học ở-đâu? 🎵 Ở bên kia.
lernen wo *in Seite jene*
Wo haben Sie gelernt? In Übersee (Europa).

🎵 Tôi muốn học thêm ở bên này.
ich wollen lernen zusätzlich in Seite diese
Ich möchte hier (Vietnam) noch dazulernen.

Ist man erst einmal bis hierher gekommen,
darf man sich der allgemeinen Bewunderung
sicher sein, erst recht, wenn man die folgende
Hürde noch nimmt.

*Nun steht einem
kleinen Schwatz
nichts mehr im Wege.
Nur wenige* Tây
*bemühen sich, Vietna-
mesisch zu sprechen.
Trifft man doch
einmal solch einen*
Tây, *so wird der
natürlich ausgefragt.*

🎵 Anh nói tiếng Việt giỏi lắm!

Bruder sprechen Sprache vietnamesisch
ausgezeichnet sehr

Sie sprechen ausgezeichnet Vietnamesisch!

Die Antwort darauf
lautet immer (!):

🎵 Chưa giỏi đâu!

noch-nicht ausgezeichnet überhaupt

Ach was, noch gar nicht.

Name

Bei allen nicht-
offiziellen Anlässen
nennt man nur den
Vornamen; vielleicht
auch deshalb, weil ein
reichliches Drittel
aller Vietnamesen
den Familiennamen
Nguyễn hat?

Die meisten vietnamesischen Namen bestehen aus drei Teilen, z. B. Nguyễn Thị Lan. Der erste Teil ist der Familienname (họ): Nguyễn. Thị an zweiter Stelle bedeutet, dass es sich um eine Frau handelt. Zur Kennzeichnung männlicher Namen gibt es die Silbe Văn. Nicht alle Namen enthalten jedoch Thị oder Văn. Dann lässt sich auch aus dem dritten Teil, dem Vornamen (tên), nicht ohne weiteres schließen, ob es sich um Mann oder Frau handelt, weil es keine reinen Mädchen- oder Jungennamen gibt. Bích *(Jade)* kann also ein Er oder eine Sie sein. Oft werden für Mädchen Blumennamen (Lan „Orchidee"), für Jungen „männliche" Eigenschaften (Hùng, Dũng „mutig") gewählt.

🎵 Chị tên là gì?

Schwester Name sein was

Wie heißen Sie?

🎵 Tôi tên là …

ich Name sein …

Ich heiße …

🎵 Còn anh tên là gì?

und Bruder Name sein was

Und wie heißen Sie?

Alter

Es ist absolut normal, jedermann (und jede Frau) nach dem Alter zu fragen. Vietnamesen geben das Alter an, das sie im laufenden Jahr erreichen werden. Wer 25 ist, sagt also 26, falls er dieses Jahr noch nicht Geburtstag hatte.

Europäer fragt man gern nach ihrem Alter, um sie in die soziale Hierarchie einordnen zu können bzw. um festzustellen, welches Verhalten ihnen gegenüber angemessen ist.

Ein eventuelles Gemurmel als Reaktion muss nicht heißen, dass man besonders alt oder jung aussähe. Es zeigt nur, dass es den Vietnamesen ebenso schwer fällt, das Alter von Europäern zu schätzen, wie uns, das Alter von Asiaten zu bestimmen.

Năm nay chị bao-nhiêu tuổi?
Jahr dieses Schwester wie-viel Alter
Wie alt werden Sie dieses Jahr?

Năm nay tôi ba mươi hai tuổi.
Jahr dieses ich drei zehn zwei Alter
Dieses Jahr werde ich 32 Jahre.

Für Kinder bis zu zehn Jahren wird das Verb lên *(erreichen)* verwendet; tuổi entfällt:

Năm nay em-trai tôi lên tám.
Jahr dieses kleiner-Bruder ich erreichen acht
Dieses Jahr wird mein kleiner Bruder acht Jahre.

Familie

Anh lập gia-đình chưa?
Bruder gründen Familie noch-nicht
Sind Sie schon verheiratet?

Kleine Unterhaltung

Die Frage nach der eigenen Familie wird niemals mit **không** *(nein, nicht) beantwortet (es sei denn, man ist über 90).*

🗩 Có (rồi).
haben (schon)
Ja, bin ich (schon).

🗩 Chưa (có).
noch-nicht (haben)
Nein (noch nicht).

Die Familie spielt eine wichtige, wenn nicht sogar *die* Rolle im Leben der Vietnamesen. Man wird auch den Fremden (und erst recht den Gast) sehr offen zu diesem Thema „interviewen".

In der Umgangssprache wird auch häufig **bồ** *(Geliebter, Liebhaber) gebraucht.*

🗩 Có người yêu chưa?
haben Mensch lieben noch-nicht
Haben Sie eine(n) Freund(in)?

🗩 Bí-mật đấy!
geheim dieses
Wird nicht verraten!

🗩 Có con chưa?
haben Kind(er) noch-nicht
Haben Sie schon Kinder?

🗩 Tôi có hai con, một con-trai và một con-gái.

Wer bis hierher immer nur **chưa** *gesagt hat, der kann jetzt vielleicht gleich hören:*

ich haben zwei Kinder ein Sohn und ein Tochter
Ich habe zwei Kinder, einen Sohn und eine Tochter.

Thế, thì anh lấy em-gái tôi làm vợ nhé!
so dann Bruder nehmen kleine-Schwester ich machen Ehefrau Aufford.
Na, dann nehmen Sie doch meine kleine Schwester zur Frau!

Wie es nun weitergeht, hängt von jedem selbst (und vielleicht von der kleinen Schwester?) ab. In scherzhaftem Ton gesagt, ist nun beinahe jede Antwort möglich. Für alle Fälle hier aber noch zwei diplomatische Antworten:

Ai mà biết được?   Có-lẽ.
wer aber wissen können
Wer weiß? Kann man's wissen?   Vielleicht.

mẹ, má (S)	Mutter
bố, cha, ba (S)	Vater
bố mẹ	Eltern
con	Kind
con-trai	Sohn
con-gái	Tochter
vợ	Ehefrau
chồng	Ehemann
anh	älterer Bruder
chị	ältere Schwester
em	jüngeres Geschwister
ông	Großvater
bà	Großmutter
cô	Tante (jüngere Schwester des Vaters)
dì	Tante (Schwester der Mutter)

bác	Onkel (älterer Bruder des Vaters)
chú	Onkel (jüngerer Bruder des Vaters)
cậu	Onkel (Bruder der Mutter)
cháu	Enkel, Nichte, Neffe

Berufe

🔊 Anh làm nghề gì?
Bruder machen Beruf was
Welchen Beruf haben Sie?

🔊 Chị công-tác ở-đâu?
Schwester tätig-sein wo
Wo arbeiten Sie?

Die Berufsbezeichnungen gelten für beide Geschlechter (außer „Hausfrau").

🔊 Tôi là ...	Ich bin ...
nhân-viên	Angestellter
công-nhân	Arbeiter
nông-dân	Bauer
thợ thủ-công	Handwerker
phụ-nữ nội-trợ	Hausfrau
giáo-viên	Lehrer
nhà báo	Journalist
học-sinh	Schüler
sinh-viên	Student
nhà kỹ-thuật	Techniker
nhà khoa-học	Wissenschaftler

Wetter

Vom Wetter und seinen Kapriolen hängt im Wesentlichen die Ernte und damit das Leben in den kommenden Monaten ab. Die zwei schicksalhaften Worte được mùa *(eine gute Ernte haben)* oder mất mùa *(eine Missernte erleiden)* bedeuten immer wieder ein kleines Aufatmen oder aber neue Not für die Menschen.

Das Wetter ist je nach Gegend und Jahreszeit sehr verschieden und besonders im Frühjahr und im Herbst durch den Monsunwechsel unbeständig.

🖐 Hôm-nay thời-tiết thế-nào?
heute Wetter wie
Wie ist das Wetter heute?

🖐 Trời sắp mưa.
Himmel bald Regen
Es sieht nach Regen aus.

🖐 Ngày-mai trời nắng.
morgen Himmel sonnig
Morgen wird es sonnig.

🖐 Hôm-nay trời mưa.
heute Himmel Regen
Heute regnet es.

🖐 Sáng nay bao-nhiêu độ?
Morgen dieser wie-viel Grad
Wie viel Grad sind es heute früh?

🖐 Sáng nay hơi lạnh: mười hai độ thôi.
Morgen dieser etwas kalt zehn zwei Grad nur
Heute früh ist es kühl: nur 12 Grad (Celsius).

🖐 Trời lạnh.
Himmel kalt
Es ist kalt.

🖐 Trời nắng.
Himmel sonnig
Es ist sonnig.

Gespräche über das Wetter sind keineswegs nur „Verlegenheitskonversation".

🔊 Trời nóng.
Himmel heiß
Es ist warm / heiß.

🔊 Có nhiều mây.
haben viel Wolke
Es ist bewölkt.

hơi lạnh *etwas kalt*	kühl
gió	Wind
bão	Sturm
cơn giông	Gewitter
mưa	Regen
mưa dài *Regen lang*	Dauerregen
mưa nhỏ *Regen klein*	leichter Regen
mưa to *Regen groß*	starker Regen
lũ, lũ lụt	Hochwasser, Überschwemmung
khí hậu	Klima
nhiệt độ	Temperatur
ẩm độ	Luftfeuchtigkeit
gió mùa	Monsun
mùa mưa	Regenzeit
mùa khô	Trockenzeit
rét	kalt
oi bức	schwül, stickig
mát	frisch, angenehm

Unterwegs

Günstig ist es, sich auf zwei Rädern die Umgebung zu erschließen. Ein Nahverkehrsnetz, wie wir es kennen, besteht in vietnamesischen Städten nur ansatzweise (Stadtbusse). Will man nicht ständig auf Taxen angewiesen sein, kann man sich ein Zweirad (mit oder ohne Motor) anschaffen. Fahrräder sind aber in der jüngsten Zeit deutlich seltener geworden und angesichts des städtischen Straßenverkehrs nicht immer zu empfehlen.

Tôi muốn đi đến khách-sạn Caravelle.
ich wollen gehen zu Hotel Caravelle
Ich möchte zum Hotel Caravelle.

Tôi bị lạc đường.
ich erleiden verirren Weg
Ich habe mich verlaufen / verfahren.

Hãy đi thẳng.
Aufford. gehen gerade
Fahren / Gehen Sie geradeaus.

Rẽ bên trái / phải.
einbiegen Seite links / rechts
Biegen Sie links / rechts ab.

... ở-đâu?
... wo
Wo ist ... ?

nhà ga	Bahnhof (frz. gare)
ngân-hàng	Bank
bến xe buýt	Bushaltestelle
cầu	Brücke
rạp chiếu-bóng	Kino
sân bay	Flughafen, Flugplatz
Platz fliegen	
cảng	Hafen
bến xe lam	Haltestelle für Motorroller
nhà thờ	Kirche
Haus beten	
khách-sạn	Hotel
viện bảo-tàng	Museum
chùa	Pagode
nhà bưu-điện	Postamt
Haus Post	
quảng-trường	Platz
hiệu-ăn	Restaurant
danh-lam thắng-cảnh	Sehenswürdigkeiten
quận	Stadtbezirk
đường, phố	Straße
phường	Stadtviertel
bến xe tắc-xi	Taxistand
Haltestelle Fahrzeug Taxi	
đền	Tempel
nhà hát	Theater
Haus singen	
vườn bách thú	Zoo
Garten hundert Tiere	

Transportmittel

xe hơi	Kraftwagen, Auto
Fahrzeug Gas	
xe con	PKW
xe buýt	Bus
xe ca	Minibus
xe vận-tải	LKW
xe gíp	Jeep
xe mô-tô	Motorrad
xe lam	Motorroller
xe máy	Moped
xe ôm	Mopedrikscha
xe đạp	Fahrrad
Fahrzeug treten	
xích-lô	Fahrradrikscha
tàu hỏa	Eisenbahn
Motorfahrzeug Feuer	
tàu thủy	Schiff
Motorfahrzeug Wasser	
đò-ngang, phà	Fähre
máy bay	Flugzeug
Maschine fliegen	

Die auch als „Cyclo" bekannte Fahrrad-rikscha war lange Zeit das typische Verkehrs-mittel der vietnamesi-schen Städte. Mittler-weile ist sie aber weit-gehend von motori-sierten Fahrzeugen verdrängt (bzw. teils verboten) worden. Sie wird immer mehr zu einem nostalgischen Gefährt für Touristen-ausflüge.

mit Taxi & Rikscha

🎵 Nhờ anh đưa tôi ra ga!
bitten Bruder bringen ich hinaus Bahnhof
Zum Bahnhof, bitte!

Der Fahrpreis ist am besten schon bei Fahrtantritt auszuhandeln.

🎵 Đi đến chợ Bến-Thành mất bao-nhiêu tiền?
fahren zu Markt B.-Th. kosten wie-viel Geld
Wie viel kostet die Fahrt zum
Bên-Thanh-Markt? *(in Saigon)*

🎵 Xin dừng xe ở-đây!
bitten anhalten Wagen hier
Bitte halten Sie hier!

🎵 Xin chờ tôi (một phút)!
bitten warten ich (eine Minute)
Bitte warten Sie (einen Moment).

mit dem Zug

🎵 Lúc nào tàu khởi-hành?
Moment welcher Zug abfahren
Wann fährt der Zug ab?

🎵 Lúc nào chúng-ta đến ... ?
Moment welcher wir ankommen
Wann kommen wir in ... an?

khởi-hành	abfahren
đến; tới *(bevorzugt* S)	ankommen
vé đi tàu	Fahrkarte
Karte gehen Motorfahrzeug	
cửa bán vé	Fahrkartenschalter
Tür verkaufen Karte	
bảng giờ tàu	Fahrplan
Tafel Zeit Motorfahrzeug	
va-li	Koffer

mit dem Auto

In Vietnam herrscht Rechtsverkehr. Beherrschten früher die Radfahrer das Straßenbild, so dominieren heutzutage noch die Mopeds und Motorräder, aber die Zahl der privaten Personenwagen, die sich mittels Dauerhupen einen Weg durch das Gewimmel bahnen, nimmt rasant zu. Viele Menschen haben dabei ihr Verhalten der Motorisierung und der wachsenden Verkehrsdichte kaum oder gar nicht angepasst, so dass es ständig schwere Unfälle gibt. Seit wenigen Jahren kann man auch Mopeds und sogar PKW mieten, letztere aber nur mit Fahrer.

Weder der deutsche noch der internationale Führerschein werden in Vietnam als Fahrerlaubnis anerkannt. Bei Zweirädern wird aber meist großzügig darüber hinweggesehen.

🔊 Tôi muốn thuê một xe gíp / xe đạp.
ich wollen mieten ein Fahrz. Jeep / Fahrz. treten
Ich möchte einen Jeep / ein Fahrrad mieten.

🔊 Thuê xe mất bao-nhiêu tiền trong ngày?
mieten Fahrzeug kosten wie-viel Geld in Tag
Wie hoch ist der Tagessatz für einen Mietwagen?

🔊 Lấy xăng ở-đâu?
nehmen Benzin wo
Wo kann man tanken?

🔊 Ở-đây mua xăng được không?
hier kaufen Benzin möglich nicht
Kann man hier tanken?

dầu	Öl
dầu đi-ê-den	Diesel
xăng	Benzin
nước làm nguội	Kühlwasser

Panne

🔊 Xe tôi bị hỏng.
Wagen ich erleiden kaputt
Ich habe eine Panne.

🔊 Xưởng chữa xe ở-đâu?
Werkstatt reparieren Wagen wo
Wo ist eine Autowerkstatt?

🔊 Xin dắt hộ xe tôi cho đến xưởng sửa-chữa!
bitten führen helfen Wagen ich für zu Werkstatt reparieren
Bitte schleppen Sie mich bis zu einer Werkstatt ab!

🔊 Xin kiểm-tra ...   Hình-như ... hỏng.
bitten kontrollieren   *scheinen ... kaputt*
Bitte überprüfen Sie ...   Es scheint, als wäre ... kaputt.

bộ khởi động	Anlasser
ống xả khí	Auspuff
ắc-quy	Autobatterie
phanh, hãm	Bremse
ruột; săm (S)	Schlauch

bộ ly hợp	Kupplung
đèn	Lampe
máy điện đèn	Lichtmaschine
động cơ	Motor
lốp; vỏ (S)	Reifen
thiết bị điện	elektrische Anlage
hộp số	Getriebe
máy điều hòa	Klimaanlage
bộ phóng nhiệt	Kühler
bộ giảm xóc	Stoßdämpfer
bộ chế hòa khí	Vergaser
máy bơm nước	Wasserpumpe
bu-gi	Zündkerze

Unfall

Als Ausländer in einen Unfall verwickelt zu werden, kann böse Folgen haben, egal, wer der Verursacher war. Man kann deshalb jedem, egal, ob Fahrrad- oder Kraftfahrer, nur empfehlen, sich in Ruhe mit den örtlichen Gepflogenheiten vertraut zu machen. Oft reagieren Verkehrsteilnehmer unerwartet und ohne jede Vorwarnung.

Allein das Abbiegeverhalten der Radfahrer ist ein Kapitel für sich, nicht zu reden vom technischen Zustand der Fahrzeuge, abenteuerlichen Bremstechniken mit der schlappenden Kautschuksandale usw.

🔊 Tôi bị tai-nạn giao-thông.
ich erleiden Unfall Verkehr
Ich hatte einen Verkehrsunfall.

🔊 Anh có bị thương không?
Bruder haben erleiden verletzen nicht
Sind Sie verletzt?

Übernachten

Im Allgemeinen müsste man in Hotels, Gästehäusern usw. überall mit Englisch auskommen. Das heißt aber nicht, dass alle Angestellten, die man um kleinere Dienstleistungen bitten möchte, gleichermaßen sprachkundig wären.

Mit einem Smartphone können Sie sich die mit einem 🔊 gekennzeichneten Sätze dieses Kapitels anhören.

🔊 Ở gần đây có Mini-Hotel không?
in nah hier haben Mini-Hotel nicht
Gibt es hier in der Nähe eine Pension?

🔊 Tôi muốn ở-lại đây một đêm.
ich wollen bleiben hier eine Nacht
Ich möchte eine Nacht bleiben.

🔊 Một đêm giá bao-nhiêu?
eine Nacht Preis wie-viel
Wie viel kostet das pro Tag?

© Nikolai Okhitin@fotolia.com

Tropischer Strand wie aus dem Reisekatalog

Tôi muốn thuê một phòng đôi.
ich wollen mieten ein Zimmer doppelt
Ich möchte ein Doppelzimmer.

🍵 Xin cho tôi một cái phích (nước sôi).
bitten geben ich ein Klass. Thermosflasche
(Wasser kochend)
Bitte geben Sie mir eine Thermosflasche
(kochendes Wasser).

*Ist man in Gegenden
unterwegs, die von
Touristen nicht häufig
aufgesucht werden,
können die hier aufge-
führten Sätze gute
Dienste leisten.*

buồng tắm	Bad
khăn tắm	Badetuch
giường	Bett
là, ủi	bügeln
chăn	Decke
mở, bật	einschalten
khăn mặt	Handtuch
gối	Kissen
máy điều hòa; máy lạnh (S)	Klimaanlage
chiếu	Matte
màn muỗi	Moskitonetz
mở	öffnen
đóng	schließen
chìa khóa	Schlüssel
xà-phòng; xà-bông (S)	Seife
phơi khô	trocknen
máy quạt	Ventilator
giặt	waschen *(Wäsche)*
phòng, buồng	Zimmer
số phòng	Zimmernummer

Essen & Trinken

Das Alltagsessen der Vietnamesen besteht im Wesentlichen aus Reis und Gemüse. Je nach Geldbeutel gibt es dazu Fisch, Fleisch usw. Die Hauptmahlzeiten werden mittags und abends eingenommen. Das Frühstück spielt eine geringere Rolle und wird unterschiedlich gehandhabt. Es kann eine Suppe geben, Reis vom Vortag, in der Stadt auch Brot, oder auch nur etwas Heißes zu trinken.

Das Nationalgetränk ist grüner Tee (chè xanh). Auf dem Lande trinkt man auch gern Tee aus frischen Blättern (chè tươi). In der Stadt erfreuen sich auch Kaffee und Bier einer gewissen Beliebtheit. Insgesamt wird Alkohol aber eher selten und sparsam genossen. Trotzdem fehlt er auf keiner Feier, und die Vietnamesen prüfen europäische Gäste recht gerne auf ihre Trinkfestigkeit. Angeboten werden in der Regel Fruchtliköre oder Kornschnaps (lúa mới) aus offiziellen Brennereien, möglicherweise auch der weitaus mehr geschätzte Selbstgebrannte.

Man ist aber keinesfalls genötigt, solche Trink-„Späße" mitzumachen und kann sich mit einer kleinen Entschuldigung aus der Affäre ziehen. Trunkenheit zu zeigen ist bei den Vietnamesen kein Zeichen guter Erziehung.

Einen ersten Eindruck von der Vielseitigkeit der vietnamesischen Küche erhält man in den Spezialitätenrestaurants, die man an der Aufschrift đặc sản *(Spezialitäten)* erkennt. Dort läuft aber die Kommunikation mit den Gästen eher auf Englisch als auf Vietnamesisch ab.

Billiger und vielleicht noch landestypischer kann man auf der Straße essen, das heißt an einem der zahllosen Stände und Garküchen, die alle erdenklichen Gerichte, angefangen von Reis ohne Beilage über Nudelsuppen bis hin zu Hundefleisch (thịt chó), anbieten. Mir hat phở immer sehr gut geschmeckt, eine Suppe aus Reisnudeln in einer Brühe von Rind- oder auch Hühnerfleisch, abgeschmeckt mit Ingwer, Kräutern, und Frühlingszwiebeln, die man an jeder Ecke bekommt.

Das billigste Obst sind Bananen, die das ganze Jahr hindurch reifen, und von denen manche Sorten auch als Gemüse (Kochbananen) gegessen werden.

In Mittelvietnam, das für seine scharf gewürzte Küche bekannt ist, sollte man unbedingt bún bò Huế probieren (frische Reisnudeln mit Rindfleisch in Chili-Bouillon). Mì quảng (gelbe Nudeln aus Weizenmehl mit Fleisch, frischen Kräutern und gehackten Erdnüssen) und andere Köstlichkeiten warten im Süden auf hungrige Mägen. Für alle, die zum ersten Mal in Vietnam und sich nicht sicher sind, wo man was essen sollte: Zu einer Garküche, in der sich viele Einheimische an den Tischen drängen, darf man schon Vertrauen haben. Wo aber nur Tây sitzen, gibt es oft nur „adaptiertes" Essen von Guaven-Sandwich bis bít-tết *(Beefsteak),* aber kaum authentische vietnamesische Küche.

Am allerschönsten ist natürlich die Einladung zu einer Familienfeier. Das Essen beginnt ohne große Förmlichkeiten. Wenn der Gastgeber dazu auffordert (Xin mời *„darf ich bitten zuzugreifen"*) bzw. selbst beginnt, erscheint die Hausfrau oft nur zum Servieren

Wenn man sich als Tây „ziert", bringt man den Gastgeber möglicherweise in die Verlegenheit zu fürchten, man sei unzufrieden.

und verbringt die meiste Zeit in der Küche. Man wünscht keinen „guten Appetit". Es ist auch nicht üblich, sich erst ewig bitten zu lassen, ehe man zugreift.

Gegessen wird aus Schälchen und mit Stäbchen. Für Suppe gibt es Porzellanlöffel. Es ist verpönt, mit metallenen Geräten den Geschmack der Speisen zu verderben.

Es ist möglich, dass man an seinem Platz außer der Schale für den Reis noch ein winziges Tellerchen findet. Dieses dient dazu, sich die berühmte vietnamesische Fischsoße nước mắm individuell mit Zitrone, Öl, Zucker und Chili abzuschmecken.

In die Schälchen wird zuerst der Reis gefüllt. Er dient dann als Unterlage für die Happen Fleisch, Pilze und Gemüse, die man den verschiedenen Schüsseln entnimmt.

Einem Gast wird man besonders gute Bissen anbieten. Beteuerungen, man sei satt, werden nicht helfen, solange man nicht die Essstäbchen nebeneinander quer über die leere Schale gelegt hat.

Als Nachtisch kann es Obst geben. Bananen bricht man in der Mitte durch und schält dann die Hälften. Bananen von einem Ende zu schälen und dann vielleicht noch mit herabhängender Schale „wie ein Affe" zu essen, kann unter Umständen ein gewaltiges Hallo provozieren, über dessen Ursache dann niemand Aufklärung zu geben bereit sein dürfte. Es gilt als höflich, Früchte zu teilen und dem Platznachbarn davon anzubieten.

Ăn cơm chưa?
essen Reis noch-nicht
Hast du schon gegessen?

Diese Redensart ist nicht so sehr als konkrete Frage, sondern vielmehr als Grußformel zwischen Bekannten und Freunden für den Zeitraum von etwa 11 bis 16 Uhr. Man kann mit derselben Frage antworten.

Ta đi ăn cơm nhé!
wir gehen essen Reis Aufford.
Lass(t) uns essen gehen!

Die Gerichte kommen in „stäbchengerechte" Stücke zerlegt auf den Tisch, so dass man beim Essen nicht mit Messern oder anderen „gefährlichen" Geräten hantieren muss.

Anh muốn ăn gì?
Bruder wollen essen was
Was möchtest du essen?

Xin cho tôi xem thực-đơn!
bitten geben ich sehen Speisekarte
Die Speisekarte, bitte!

Tôi muốn ăn thử một món-ăn Việt-Nam.
ich wollen essen probieren ein Gericht vietnamesisch
Ich möchte ein vietnamesisches Gericht probieren.

(Cô) cho chúng-tôi hai bát phở gà và hai cốc chè đá nhé!
(Tante) geben wir zwei Schale Pho' Huhn und zwei Glas Tee Eiswürfel Aufford.
Bringen Sie uns zweimal Pho' mit Huhn und zwei Gläser Eistee!

In den Garküchen und einfachen Imbissstuben bezahlt man sofort. Die Preise stehen oft auf einer großen Tafel, so dass es keine Probleme beim Zusammenrechnen geben dürfte.

🔊 Xin thanh-toán lại!

bitten abrechnen wieder

Rechnen Sie bitte zusammen!

Üblich ist auch zu sagen Tính tiền! *(rechnen Geld)* „Die Rechnung!".

hiệu ăn, quán ăn	Restaurant
ăn	essen
uống	trinken
đói	hungrig (sein)
khát	durstig (sein)
no	satt

bữa (ăn)	Mahlzeit
bữa ăn sáng	Frühstück
bữa ăn trưa	Mittagessen
bữa ăn chiều	Abendessen

thực-đơn	Speisekarte
món-ăn	Gericht, Speise
món-ăn chơi	Vorspeise
đồ tráng-miệng	Dessert

đĩa; nĩa (S)	Gabel
thìa; muỗng (S)	Löffel
dao	Messer
bát; tô (S)	Schale
đũa	Stäbchen
đĩa; đĩa (S)	Teller
cốc; ly (S)	Trinkglas

Getränke

đồ-uống	Getränk(e)
rượu	Alkohol
bia	Bier (frz. bière)
nước trái cây	Fruchtsaft
cà-phê	Kaffee
cà-phê đá	Eiskaffee
nước dừa	Kokoswasser
lúa mới	Kornschnaps
nước chanh	Limonade
nước suối	Mineralwasser
chè; trà (S)	Tee
chè xanh	grüner Tee
chè đá	Eistee
nước mía	Zuckerrohrsaft

Grüner Tee beschließt die Mahlzeit. Er wird pur genossen. Dadurch schmeckt man das herb-bittere Aroma, und nur so löscht er den Durst.

Speisen

cơm	gekochter Reis
cháo	Reisporridge (Congee)
nếp	Klebreis
đậu-phụ	Tofu
chao	fermentierter Tofu
miến	Glasnudeln
miến xào	gebratene Glasnudeln
bún Tàu	chinesische Reisnudeln
bánh canh	dicke Suppennudeln
bánh bao	gefüllte Dampfnudel
bánh xèo	Reispfannkuchen, gefüllt

Die Namen vieler Gerichte sind einfach nur Auflistungen von Zutaten und Zubereitungsart. Allerdings ist das nicht immer der Fall; manchmal geht eben aus dem Namen nicht klar hervor, woraus das Gericht besteht. Daher ist es im Zweifelsfall sicherer, vor dem Bestellen die Zusammensetzung zu erfragen.

thịt	Fleisch
thịt gà	Hühnerfleisch
thịt vịt	Entenfleisch
thịt bò	Rindfleisch
thịt lợn; thịt heo (S)	Schweinefleisch
thịt dê	Ziegenfleisch
cá	Fisch
cá biển	Meeresfisch
tôm	Krebs, Garnele
tôm hùm	Hummer
cua	Krabbe
ốc	(Meeres-)Schnecke
trai	Muschel
ếch	Frosch
rau	Gemüse
thịt nấm	Pilze
nem cuốn; gỏi cuốn (S)	Sommerrolle (gedämpfte Reispapierrolle, gefüllt)
nem rán; chả giò (S)	Frühlingsrolle (mit Schweinefleisch)
chạo tôm	gegrillte Krebsmasse auf Zuckerrohrspieß
tiết canh	Blutsülze
canh	Suppe (vietnamesische)
xúp	Suppe (europäische)
phở	Reisnudelbrühe mit Fleisch und Gemüse
pho-mát	Käse (frz. fromage)
bơ	Butter (frz. beurre)

Gemüse

cà tím	Aubergine
măng (tre)	Bambussprossen
đậu	Bohnen, Erbsen
đậu tương, đậu nành	Sojabohnen
lạc	Erdnuss
lạc rang	geröstete Erdnüsse
dưa chuột	Gurke
cà-rốt	Karotte(n) (frz. carotte)
khoai tây	Kartoffel
khoai lang	Süßkartoffel
(bắp) cải	Kohl
cải trắng	Weißkohl
cải đỏ	Rotkohl
súp-lơ, cải bông	Blumenkohl (chou-fleur)
bí	Kürbis
kiệu	Lauch, Porree
ngô; bắp (S)	Mais
khoai mì, sắn	Maniok
ớt rau	Paprika
xà-lách	Salat (frz. salade)
cần tây	Sellerie
giá	Sojasprossen
măng tây	Spargel
khoai sọ, khoai môn	Taro
cà chua	Tomate
muống	Wasserwinde
hành	Zwiebel
rau thơm	gemischte Kräuter
rau muối	eingesalzenes Gemüse

Gewürze

đồ gia vị	Gewürze
húng quế	(asiatisches) Basilikum
ớt	Chili
nước mắm	Fischsoße
gừng	Ingwer
tỏi	Knoblauch
mùi	Koriander
húng	Minze
đậu khấu	Muskatnuss
mùi Tây	Petersilie
hạt tiêu	Pfeffer
muối	Salz
vừng	Sesam
xì dầu; nước tương (S)	Sojasoße
sả	Zitronengras
đường	Zucker

Obst

hoa quả; trái cây (S)	Obst
táo	Apfel
táo ta	vietnames. Apfel (Jujube)
dứa; thơm (S)	Ananas
(quả) bơ	Avocado
chuối	Banane
mít	Brotfrucht

sầu riêng	Durian
bưởi	Grapefruit
ổi	Guave
khế	Karambole
dừa	Kokosnuss
vải	Litschi
quất	Kumquat
nhãn	Longane
quýt	Mandarine
xoài	Mango
măng cụt	Mangostane
cam	Orange
đu đủ	Papaya
đào	Pfirsich
chôm chôm	Rambutan
dưa hấu	Wassermelone
na, măng cầu	Zimtapfel, Süßsack
chanh	Zitrone, Limette

Reis

mạ	Reissetzling	
lúa	Reispflanze auf dem Feld, die geerntet wird: gặt lúa „Reis ernten"	*Reis hat nicht nur einen Namen. Man*
thóc	unenthülste Reiskörner, die man nach dem Dreschen erhält	*unterscheidet bei der Benennung nach dem Entwicklungsstand der*
gạo	geschälter, aber ungekochter Reis	*Pflanze bzw. dem*
cơm	gekochter Reis (essfertig)	*Verarbeitungzustand*
nếp	Klebreis: gạo nếp ungekocht, cơm nếp gekocht (essfertig)	*der Körner.*

Einkaufen

Mit einem Smart-phone können Sie sich die mit einem 🎧 gekennzeichneten Sätze dieses Kapitels anhören.

Überall auf den Märkten kann man sein Talent zum Handeln oder besser Feilschen (**mặc cả**) erproben. Man kann davon ausgehen, dass man als **Tây** immer mehr zahlen wird als die Einheimischen. Vor größeren Käufen sollte man sich eventuell erst bei vietnamesischen Freunden erkundigen, welche Preisspanne realistisch ist, oder sie auch bitten, den Kauf stellvertretend abzuwickeln (**mua hộ** *„kaufen helfen"*; d. h. für jemanden kaufen).

🎧 **Tôi muốn ...**
ich wollen
Ich möchte ...

🎧 **Cái này giá bao-nhiêu?**
Ding dieses Preis wie-viel
Wie viel kostet das?

In der Nähe von Hotels, Touristen-zentren und dort, wo ausländische Spezialisten wohnen, sind die Preise erfahrungsgemäß besonders hoch.

🎧 **Đắt quá! Không mua được!**
teuer zu-sehr nicht kaufen möglich
Zu teuer! Das kann man nicht kaufen!

🎧 **Cho xem cái này / cái kia.**
geben sehen Stück dieses / Stück jenes
Zeigen Sie mir das hier / jenes dort.

🎧 **Mua không?**
kaufen nicht
Kaufen Sie (es)?

🎧 **Tôi mua cái này.**
ich kaufen Stück dieses
Ich kaufe es.

🎧 **Ông xuống giá tí nữa đã.**
Großvater hinuntergehen Preis etwas noch zuerst
Gehen Sie erst noch etwas im Preis herunter.

🌙 Để tôi xem chiếc áo kia.
lassen ich sehen Klass. Hemd jenes
Lassen Sie mich das Hemd dort sehen.

🌙 Mặc thử được không?
anziehen probieren möglich nicht
Kann man es anprobieren?

🌙 Cho tôi cỡ to / nhỏ hơn.
geben ich Größe groß / klein mehr
Geben Sie mir eine größere / kleinere
Nummer.

Wenn Ihnen das Feilschen auf dem Markt und das Einkaufen im Laden an der Ecke zu altmodisch ist, dann können Sie sich auch in Vietnam mittlerweile im Stil des 21. Jahrhunderts mit Geld versorgen und bezahlen. Schlüsselvokabeln hierfür sind:

cửa-hàng	Laden
mậu-dịch tổng-hợp	Kaufhaus
hàng, hàng-hóa	Ware(n)
sản-phẩm	Produkt
bằng ...	aus ... (Material)
... bạc	Silber
... vàng	Gold
... xương	Fischbein
... ngà	Elfenbein
hiệu sách	Buchladen
quyển sách	Buch
bản-đồ	Landkarte
bản-đồ thành-phố	Stadtplan
giấy viết thư	Briefpapier
Papier schreiben Brief	
bút bi	Kugelschreiber
mỹ phẩm	Kosmetika

máy rút tiền (tự động)
Geldautomat

thẻ ghi nợ
Debitkarte

thẻ tín dụng
Kreditkarte

séc du-lịch
Reisescheck

tiền mắt
Bargeld

đổi tiền
Geld wechseln

thuốc đánh răng	Zahnpasta
bàn-chải răng	Zahnbürste
xà-phòng	Seife
bột giặt	Waschpulver
Mehl waschen	
giấy vệ-sinh	Toilettenpapier
Papier Hygiene	
băng vệ-sinh	Damenbinde
hàng mỹ nghệ	Kunsthandwerk
Ware schön Kunst	
nón	konischer Strohhut
làn	Korb aus Reisstroh
áo dài	vietnamesisches
Hemd lang	Seidenkleid
áo thêu	bestickte Bluse
hàng sơn mài	Lackmalereiwaren
Ware Lack polieren	
mành	Rollvorhang
hàng cói	Produkte aus Binsen
Ware Binsen	
vải	Stoff(e)
lụa	Seide
vải bông	Baumwolle
Stoff Blume	
quần áo	Kleidung
Hose Hemd	
quần bò	Jeanshose
Hose Rind	
giầy dép	Schuhwerk
Schuh Sandale	

Zu Besuch sein

Wird man eingeladen, schadet es nicht, eine Kleinigkeit mitzubringen, z. B. Zigaretten oder Süßigkeiten und dergleichen. Hat sich der Gastgeber in Unkosten gestürzt, um den Gast zu bewirten (womit man rechnen muss), kann man sich auf diesem Wege revanchieren. Kennt man die Familie und ihre Lebensbedingungen sehr gut, macht man ihr sicher auch mit einem hochwertigen Haushaltsartikel eine große Freude, ohne sie dadurch in Verlegenheit zu bringen. Hat man das Haus erst einmal betreten und die Einrichtung gesehen, wird es an Geschenkideen nicht fehlen.

Mit einem Smart-phone können Sie sich die mit einem 🔊 gekennzeichneten Sätze dieses Kapitels anhören.

Wenn möglich, begrüßt man immer zuerst das älteste Mitglied der Familie, wobei eine leichte Verbeugung sehr höflich ist, danach den Nächstjüngeren usw. Kleineren Kindern lächelt man einfach nur zu. Oft werden sie aber dem Gast zugeschoben mit den Worten Chào cô đi! *(Grüß die Tante!),* und dann antwortet man mit Chào cháu *(Grüß dich!).*

Das Vorstellen bzw. Bekanntmachen über-lässt man demjenigen, der die Einladung ausgesprochen hat. Förmlich geht es dabei nicht zu.

nhà kann nicht nur „Haus", sondern auch „Familie" oder „Ehepartner" bedeuten:

🔊 Xin cảm-ơn vì lời mời đến thăm nhà ông.
bitten danken für Wort einladen kommen besuchen Haus Großvater
Ich bedanke mich für die Einladung
in Ihr Haus / Ihre Familie.

Außer den Gesprächsthemen, die schon in den Kapiteln „Begrüßen & Verabschieden", „Kleine Unterhaltung" und „Essen & Trinken" behandelt worden sind, gehören Fragen nach der persönlichen Gesundheit, den Eltern und der Familie zu jeder Unterhaltung. Sicher möchte man auch wissen, wie dem Gast Vietnam gefällt.

🎙 Anh có khỏe không?
Bruder haben gesund nicht
Wie geht es Ihnen?

🎙 Cảm-ơn, tôi khỏe.
danke ich gesund
Danke, es geht mir gut.

🎙 Anh có thích nước Việt-Nam không?
Bruder haben mögen Land Vietnam nicht
Gefällt Ihnen Vietnam?

🎙 Cô-gái Việt-Nam có đẹp không?
Mädchen Vietnam haben schön nicht
Sind die vietnamesischen Mädchen schön?

🎙 (Có) đẹp chứ!
(haben) schön und-ob
Und ob sie schön sind!

Fotografieren

Fotografieren ist kein Problem, wenn man vorher eine Erlaubnis einholt. Die dankbarsten Modelle sind natürlich die Kinder, die über ein zuverlässiges Nachrichtensystem blitzschnell erfahren, wann und wo ein Tây mit Kamera auftaucht und dann herbeiflitzen, um sich in Positur zu stellen. Allerdings ist dieses Verhalten angesichts des Tourismus-Booms mittlerweile seltener geworden.

🕊 Xin cho tôi chụp một cái.
bitten geben ich fotografieren ein Stück
Bitte lassen Sie mich ein Foto machen.

🕊 Tôi chụp em một cái nhé!
ich fotografieren jüngeres-Geschwister ein Stück Aufford.
Ich mache ein Foto von dir, ja?

Takt und Vorsicht ist gegenüber Bettlern angebracht. Man muss es sie nicht unbedingt merken lassen, wenn man sie ablichtet. Wer sieht schon gern sein Elend als Touristenattraktion für reiche Tây behandelt? Die Bettler betrachten es eher als absichtliche Demütigung, fotografiert zu werden.

🕊 Bấm vào đây!
drücken hinein hier
Hier draufdrücken!

🕊 (Xin) cười lên!
(bitten) lachen hinauf
(Bitte) lächeln!

🎵 Xin anh chụp tôi một cái!
bitten Bruder fotografieren ich ein Stück
Mach bitte eine Aufnahme von mir!

🎵 Xin rửa phim này.
bitte waschen Film dieser
Bitte diesen Film entwickeln.

🎵 Bao-giờ thì xong?
wann dann fertig
Wann wird das fertig sein?

🎵 Anh in hộ mỗi ảnh một cái.
Bruder drucken helfen jedes Bild ein Stück
Von jedem Bild bitte ein Abzug.

máy ảnh *Maschine Bild*	Fotoapparat
máy ảnh số *Maschine Bild Zahl*	Digitalkamera
phim	Film
phim màu *Film Farbe*	Farbfilm
phim trắng đen *Film weiß schwarz*	Schwarzweißfilm
chụp ảnh	fotografieren
rửa phim	Film entwickeln
âm-bản	Negativ
dương-bản	Positiv
hiệu ảnh *Laden Bild*	Fotoatelier

Krank sein

Nach Vietnam sollte man eine gut zusammengestellte Reiseapotheke mitnehmen. Zwar sind die Apotheken (hiệu thuốc) heutzutage weit besser bestückt als in der Vergangenheit. Allerdings ist selbst dort (und erst recht auf den Märkten) vor gefälschten Produkten (hàng dởm) zu warnen, die sehr geschickt in Originalverpackungen angeboten werden. Auch „echte" Medikamente aus aller Herren Länder werden nicht unbedingt von pharmazeutisch ausgebildeten Leuten gehandelt oder sind überlagert. Also Vorsicht!

Mit einem Smartphone können Sie sich die mit einem 🔊 *gekennzeichneten Sätze dieses Kapitels anhören.*

Tôi bị ...	Ich bin / habe / leide an ...
... thương	... verletzt.
... tai-nạn	... einen Unfall gehabt.
... ốm; ... bệnh (S)	... krank.
... đau	... Schmerzen.

Braucht man wirklich einen Arzt, fragt man am besten gleich im Hotel nach. In Hanoi kann man sich auch direkt an das Internationale Krankenhaus (Bệnh-viện quốc-tế) wenden; außerdem gibt es in den großen Städten mittlerweile (teure) Privatkliniken. Sehr viele Ärzte sprechen Englisch, Französisch usw. Ist man jedoch unterwegs auf Hilfe angewiesen, kommt man ohne ein paar Worte Vietnamesisch nicht mehr zurecht.

Auf den Dörfern gibt es trạm y tế *(medizinische Stützpunkte) als Anlaufstellen für Notfälle. Ihre materielle Ausstattung ist oft sehr bescheiden. Das ist aber kein Gradmesser für die Fähigkeiten des Personals!*

🗩 Tôi không được khỏe.
ich nicht können gesund
Ich fühle mich nicht wohl.

🗩 Tôi cần đến bác-sĩ.
ich brauchen zu Arzt
Ich brauche einen Arzt.

🗩 Tôi thấy trong người khó chịu.
ich fühlen in Körper schwer ertragen
Mir ist übel.

🗩 Tôi ăn không ngon miệng.
ich essen nicht schmackhaft Mund
Ich leide an Appetitlosigkeit.

🗩 Anh đau gì?
Bruder Schmerz was
Was für Schmerzen haben Sie?

🗩 Cho xem đau ở-đâu?
geben sehen Schmerz wo
Zeigen Sie bitte, wo es wehtut.

🗩 Tôi bị đau ...
ich erleiden Schmerz ...
Mir tut ... weh.

cánh-tay	Arm
mắt	Auge(n)
bụng	Bauch
ngực	Brust(korb)
ngón-tay	Finger
chân	Fuß, Bein

cổ	Hals, Nacken
bàn-tay	Hand
tay	Hand, Arm
tim	Herz
xương	Knochen
đầu	Kopf
gan	Leber
phổi	Lunge
miệng, mồm	Mund
mũi	Nase
tai	Ohr(en)
răng	Zahn
ngón-chân	Zehe
lưỡi	Zunge

🗣 Tôi bị ...
ich erleiden
Ich habe / leide an ...

dị-ứng	Allergie
bệnh kiết-ly	Amöbenruhr
cơn	Anfall, Ausbruch
bệnh hen	Asthma
cơn hen	Asthmaanfall
ngất-đi	Bewusstsein verlieren
chảy máu	bluten
huyết áp cao	hoher Blutdruck
huyết áp thấp	niedriger Blutdruck
(có) máu trong phân	Blut im Stuhl

Wenn Sie gesundheitliche Probleme vermeiden wollen: Nur abgekochtes Wasser trinken! Keine Blattsalate, kein ungeschältes Obst essen! Speiseeis und Eiswürfel sind ein Risikofaktor! Baden in Tümpeln unbedingt vermeiden!

(có) máu trong nước đái	Blut im Urin
nôn, nôn-mửa	sich übergeben, erbrechen
buồn-nôn	Brechreiz (empfinden)
ký-sinh trong	Endoparasiten
viêm	Entzündung
viêm ruột thừa	Blinddarmentzündung
viêm phổi	Lungenentzündung
cảm, cảm-lạnh	Erkältung
mệt-nhọc	Erschöpfung
(rắn) cắn	gebissen (von Schlange)
cúm	Grippe
cơn đau-tim	Herzanfall
trúng nắng	Hitzschlag, Sonnenstich
gãy xương	Knochen gebrochen
quặn-đau, đau-quặn	Kolik
bệnh	Krankheit
trúng thực	Lebensmittelvergiftung
sốt rét	Malaria
ỉa-chảy	Durchfall
suy-nhược	Schwäche
cháy nắng	Sonnenbrand
bỏng	verbrannt
sai-khớp	verrenkt, verstaucht
táo-bón	Verstopfung

da trầy	wundgeriebene Haut
giun-sán	Würmer
bệnh đái đường	Zuckerkrankheit
Krankheit Urin Zucker	

Behandlung

trị bệnh	behandeln *(Krankheit)*
kết-luận	Diagnose
phẫu-thuật	Operation
tiêm	spritzen, Spritze
đo nhiệt-độ	Temperatur messen

Medikamente

thuốc-men	Medikament
uống thuốc	Medikament einnehmen
thuốc xổ, thuốc nhuận-trường	Abführmittel
thuốc kháng-sinh	Antibiotikum
liệu-dùng	Dosierung
ba lần trong ngày	dreimal täglich
thuốc chữa ỉa-chảy	Durchfallmittel
thìa to, thìa xúp	Esslöffel
thuốc giải-nhiệt	fiebersenkendes Mittel
thuốc bột	Puder
thuốc mỡ	Salbe
thuốc-ngủ	Schlafmittel

Krank sein

thuốc chữa đau	Schmerzmittel
viên	Tablette
thìa con	Teelöffel
giọt	Tropfen
thuốc sán	Wurmmittel
thuốc dùng ngoài	nur zur äußeren Anwendung
không uống được	nicht zum Einnehmen

© Holger Mette@fotolia.com

Melonen, ein Händler und die Pedale

Post

Bei der Post müsste man mit sich auf Englisch verständigen können.

🖐 Xin chỉ hộ tôi nhà bưu-điện gần đây nhất.
bitte zeigen helfen ich Haus Post nah hier höchst
Bitte zeigen Sie mir, wo sich das nächste Postamt befindet.

Tôi muốn gửi một gói bưu phẩm sang nước Đức.
ich wollen schicken ein Ballen Post-Artikel nach Land Deutschland
Ich möchte ein Paket nach Deutschland aufgeben.

(lá) thư	Brief
bưu-kiện, bưu-phẩm *Post-Artikel*	Paket
điện-tín	Telegramm
tem	Briefmarke
thư nhanh	Eilbrief
gửi bảo-đảm *schicken garantiert*	als Einschreiben
gửi máy bay *schicken Maschine fliegen*	per Luftpost
gửi fax	Fax senden

Telefonieren

Wie fast überall in der Welt hat sich auch in Vietnam die Telekommunikation in den vergangenen Jahren revolutioniert. Die meisten Orte sind mittlerweile an das Selbstwählsystem angeschlossen. Überseetelefonate sind vom Postamt, vom Hotel (teuer!) und von öffentlichen Telefonzellen aus möglich. Man benötigt dazu spezielle internationale Telefonkarten (thẻ điện-thoại). Außerdem bietet sich das aus der Heimat mitgebrachte Mobiltelefon (điện-thoại di động) an, da die meisten Anbieter Roaming ermöglichen. Eine kostengünstige Alternative ist die Internet-Telefonie.

Es wird dringend empfohlen, Telefonkarten nicht bei „fliegenden Händlern" auf der Straße zu erstehen, da dann deren Funktionsfähigkeit nicht immer garantiert ist.

🎵 Tôi cần gọi điện-thoại.
ich brauchen rufen Telefon
Ich muss telefonieren.

Die Sprache des Internets ist auch in Vietnam das Englische. E-Mail heißt thư điện-tử *(„Brief elektronisch").*

🎵 Tôi cần gọi đến thành-phố ...
ich brauchen rufen nach Stadt ...
Ich muss nach ... anrufen.

🎵 Có phải qua tổng-đài không?
haben müssen über Telefonzentrale nicht
Muss die Verbindung über das Amt gehen?

🎵 Phải quay thêm số bao-nhiêu?
müssen drehen zusätzlich Zahl wie-viel
Welche Vorwahl muss man wählen?

🖋 Số điện-thoại của sân-bay Tân-Sơn-Nhất là bao-nhiêu?
Zahl Telefon von Flugplatz T.-S.-Nh. sein wie-viel
Wie ist die Telefonnummer vom Flughafen Saigon?

🖋 A-lô! Ai đây?　　　🖋 A-lô, ... đây.
hallo wer hier　　　*hallo ... hier*
Hallo? Wer ist am　　Hallo, ... ist hier.
Apparat?　　　　　　*(wenn man sich kennt)*

🖋 Tôi là ... đang nói đây.
ich sein ... gerade sprechen hier
Hier spricht ...

🖋 Tôi đang nghe ông nói.
ich gerade hören Großvater sprechen
Ich höre Sie.

🖋 Xin nói to hơn một chút.
bitten sprechen groß mehr ein wenig
Sprechen Sie bitte etwas lauter.

🖋 Không thấy họ trả-lời.
nicht bemerken sie(Mz) antworten
Dort meldet sich niemand.

🖋 Máy đang bận.
Maschine gerade beschäftigt
Besetzt.

Formalitäten

Formalitäten gibt es normalerweise nur dort zu erledigen, wo man auch über sprachkundige Mitarbeiter verfügt (Zoll, Polizei, Bank). Hier ist Vietnamesisch nicht unbedingt nötig. In besonders heiklen Situationen dürfte es sogar angebracht sein, stur auf die Hinzuziehung eines Dolmetschers zu bestehen, um sich nicht in noch größere Schwierigkeiten zu bringen. Allerdings verhalten sich vietnamesische Polizisten gegenüber Touristen in der Regel ausgesprochen korrekt.

Zustimmen & Ablehnen

Tôi (không) đồng-ý.
ich (nicht) zustimmen
Ich bin (nicht) einverstanden.

Hay lắm.
interessant sehr
Sehr schön. Prima!

Rất tốt.
sehr gut
Sehr gut.

Rất vui lòng.
sehr froh Gefühl
Mit Vergnügen.

Tuyệt-vời!
einzigartig
Ausgezeichnet!

Điều này không thể được.
Sache diese nicht können möglich
Das geht nicht.

Không nên!
nicht sollen
Lieber nicht!

🐦 Rất tiếc là tôi không thể ...
sehr bedauern sein ich nicht können
Bedauerlicherweise kann ich nicht ...

🐦 Rất tiếc, tôi bận.
sehr bedauern ich beschäftigt
Tut mir Leid, aber ich bin beschäftigt.

🐦 Không, xin cảm-ơn.   🐦 Có-lẽ.
nein bitten danken
Nein, danke!   Vielleicht.

🐦 Tôi chưa biết.
ich noch-nicht wissen
Ich weiß noch nicht.

🐦 Điều đó chưa chắc.
Sache jene noch-nicht sicher
Das steht noch nicht fest.

Ausrufe

Ausrufe sind ganz typisch für Gesprächssituationen. Es gilt als höflich, während der Unterhaltung durch kurze Äußerungen erkennen zu lassen, dass man zuhört, zustimmt, mitfühlt usw. Selbst, wenn man streckenweise nichts versteht, ist es besser, wenigstens „ja" oder „aha" zu sagen, als ganz stumm zu bleiben.

 **Ausrufe**

Vâng; Dạ. (S)	Ja. *(höflich)*
À!	Ah! Oh! *(Freude, Verwunderung)*
À thế à!	Ah, ja? Ah, so ist das! *(höflich)*
Úi chà!	Ach je! *(Bedauern)*
Ái chà!	Ach, du liebe Güte!
Thế hả?	Ist das so?
Ôi!	Ach! Oh weh! *(Klage, Schmerz)*
Ôi, giời ơi!	Ach, herrjemine!
Ứ!	*(Ausruf des Missfallens)*
Ủa?	Was? *(Verwunderung)*
Thật ư?	Ist das wirklich wahr?
ồ!, ố!	oh!, ah! *(Freude, Erstaunen)*
À đẹp nhỉ!	Oh, wie schön!
Tuyệt-vời!	Prima!, Einwandfrei!
Ghê quá!	Schrecklich!
Chết cha!	Wie entsetzlich!
Chết!, Chết rồi!	Ach, du Schreck! *(für alles, was nicht klappt oder kaputtgeht)*
Mặc!, Mặc kệ!	Lass (doch)!; Was soll's!

Beschimpfungen

Hier gilt wie für so vieles: Sparsamer und gezielter Einsatz erhöht die Wirkung. Wird man tatsächlich schlimm belästigt (Straßenkinder, Bettler …) kann ein „starkes" Wort schon einmal helfen, besonders aufgrund des Überraschungseffekts (ein Tây schimpft auf Vietnamesisch!). Prinzipiell halte ich aber nicht viel davon, zumal die Beschimpften meist Menschen sind, deren Leben an sich schon eine einzige Erniedrigung ist. Was sind dagegen schon Mutterflüche (auf die ich hier verzichten möchte)?

Cút đi!	Hau ab!
Cút ấy!, Cút ìa!	Scheiße!
Chém cha!	Verflucht!
Thằng dốt!	Idiot!
Thằng bờm!	Dummkopf!
Đồ ngu!	Blödian!
Đồ tồi!	Flegel!
Đồ ăn hại!	Nichtsnutz!
Cẩu mã!	Schweinehund!
Bú dù!	Du Affe!
Đồ đĩ!	Dreckige Hure!
Đồ xác!	Dürres Gestell!
Thằng đểu!	Unverschämter Halunke!

Nichts verstanden?

Mit einem Smartphone können Sie sich die mit einem 🎵 gekennzeichneten Sätze dieses Kapitels anhören.

Sicherlich wird man nicht immer alles verstehen. Hier einige hilfreiche Sätze zum Nachfragen.

🎵 **Anh có hiểu tôi nói không?**
Bruder haben verstehen ich sprechen nicht
Verstehen Sie mich?

🎵 **Tôi không hiểu.**
ich nicht verstehen
Ich verstehe nicht.

🎵 **Xin nhắc-lại.**
bitten wiederholen
Wiederholen Sie bitte!

🎵 **À thế à. Bây-giờ tôi hiểu.**
ah so ah jetzt ich verstehen
Ah, jetzt verstehe ich.

🎵 **Từ này phát-âm như-thế nào?**
Wort dieses aussprechen so welches
Wie spricht man dieses Wort aus?

🎵 **Chữ này viết như-thế nào?**
Wort dieses schreiben so welches
Wie schreibt man dieses Wort?

🎵 **Cái này tiếng Việt là cái gì?**
Ding dieses Sprache vietnamesisch sein Ding was
Was heißt das auf Vietnamesisch?

🎵 **Xin ghi hộ cho tôi chữ này.**
bitten notieren helfen für ich Wort dieses
Schreib mir bitte dieses Wort auf.

Toilette

In teuren Hotels gelten natürlich internationale Standards. Im Landesdurchschnitt sind die hygienischen Verhältnisse weitaus problematischer. Es gibt nicht überall Kanalisation, von Abwasseraufbereitung ganz zu schweigen. Fäkalien werden oft direkt in Flüsse geleitet oder auf Gemüsefelder (Kopfdüngung!) gebracht ...

Bei den Toiletten reicht die Bandbreite vom WC bis zum „Balken", d. h. Loch im Fußboden. Die Örtchen heißen nhà vệ-sinh (*„Haus Hygiene"*). Die Aufschriften nam *(Männer)* und nữ *(Frauen)* kennzeichnen die jeweilige Tür. Toilettenpapier (giấy vệ-sinh) ist nicht immer vorhanden. Es ist zudem für Teile der Bevölkerung recht teuer, so dass man vielerorts eher zu Zeitung oder Lappen greift. Es ist günstig, sich in dieser Beziehung „exkursionsmäßig" auszurüsten.

Xin lỗi, nhà vệ-sinh ở-đâu?
bitten entschuldigen Haus Hygiene wo
Entschuldigung, wo ist die Toilette?

Hilferufe

Wenn ein Notfall eintritt, prägen Sie sich zumindest den Hilferuf ein. Sie können auch mit dem Finger auf die entsprechenden Sätze zeigen.

🔊 Cứu với!   🔊 Xin giúp tôi!
retten mit   *bitten helfen ich*
Zu Hilfe!   Bitte helfen Sie mir!

🔊 Tôi bị rắn / bọ-cạp cắn.
ich erleiden Schlange / Skorpion beißen
Ich wurde von einer Schlange / einem Skorpion gebissen.

🔊 Tôi bị tai-nạn.
ich erleiden Unfall
Ich hatte einen Unfall.

🔊 Tôi cần đến bác-sĩ / xe cấp cứu.
ich brauchen zu Arzt / Wagen dringend retten
Ich brauche einen Arzt / Krankenwagen.

🔊 Tôi bị tấn-công / cướp-đoạt / trộm-cắp.
ich erleiden angreifen / ausrauben / stehlen
Ich wurde angegriffen / beraubt / bestohlen.

🔊 Tôi là người Đức / Áo / Thụy-sĩ.
ich sein Mensch deutsch/österreichisch/schweizerisch
Ich bin Deutscher / Österreicher / Schweizer.

🎵 Xin đưa tôi đến bệnh-viện /
đồn công-an / đại-sứ quán Đức.
bitten begleiten ich zu Krankenkaus /
Posten Polizei / Botschafter Amt deutsch
Bitte bringen Sie mich zum Krankenhaus /
zur Polizei / zur deutschen Botschaft.

🎵 Xin cho tôi uống nước / ăn một miếng.
bitten geben ich trinken Wasser / essen ein Bissen
Geben Sie mir bitte etwas zu trinken /
zu essen.

🎵 Ở-đâu có-thể gọi điện-thoại được?
wo können rufen Telefon möglich
Wo kann man telefonieren?

🎵 Xin báo cho đại-sứ quán Đức biết đến
chuyện này.
bitten benachrichtigen geben Botschafter Amt
deutsch wissen zu Sache diese
Bitte benachrichtigen Sie die deutsche
Botschaft von diesem Vorfall.

© Cana‹tris@fotolia.com

■ Marktbelieferung auf die ganz traditionelle Art

Literaturhinweise

Wer sich intensiver mit der vietnamesischen Sprache beschäftigen möchte, dem sei zuerst der Selbstlernkurs Assimil Vietnamesisch ohne Mühe (ISBN: 9783896252036) empfohlen. 1 Lehrbuch, 4 Audio-CDs. Es folgt natürlich der bewährten Assimil-Methode.

Die hier genannten Bücher / Schriften sind nicht über den Reise Know-How Verlag erhältlich.

Ein weiteres gut erhältliches Lehrbuch ist Vietnamesisch für Anfänger von Kathrin Raitza und Lương Văn Kế aus dem Buske-Verlag (Hamburg, 2. Aufl. 2009). Es wird von zwei CDs begleitet. Sehr ausführlich, aber leider im Handel vergriffen sind der Grundkurs Vietnamesisch von Hoàng Thị Châu (Leipzig 1982) und der Aufbaukurs Vietnamesisch von Nguyễn Văn Mệnh (Leipzig 1990). Beide Bände sind als Hochschullehrbücher konzipiert, jedoch auch für Autodidakten geeignet. Suchen Sie danach in großen Bibliotheken.

An Wörterbüchern gibt es mittlerweile eine ganze Reihe, die allerdings möglicherweise leichter über den Internet-Buchhandel zu bekommen sind. Erwähnt sei hier nur stellvertretend das Wörterbuch Deutsch – Vietnamesisch Vietnamesisch – Deutsch mit 45.000 Stichwörtern (Từ điển Đức – Việt, Việt – Đức) eines Autorenkollektivs, das als deutsche Lizenzausgabe beim Verlag VVB Laufersweiler (Gießen 2010) erschienen ist. Dieser Verlag hat noch weitere Wörterbücher im Angebot.

Das komplette Programm zum Reisen und Entdecken
Reise Know-How Verlag

- **Reiseführer** – praktische Reisetipps von kompetenten Landeskennern
- **CityTrip** – kompakte Informationen für Städtekurztrips
- **CityTrip^PLUS** – umfangreiche Informationen für ausgedehnte Städtetouren
- **InselTrip** – kompakte Informationen für den Kurztrip auf beliebte Urlaubsinseln
- **Wohnmobil-Tourguides** – praktische Reisetipps für Wohnmobil-Reisende
- **Wanderführer** – exakte Tourenbeschreibungen mit Karten und Anforderungsprofilen
- **KulturSchock** – Orientierungshilfe im Reisealltag
- **Die Fremdenversteher** – kulturelle Unterschiede humorvoll auf den Punkt gebracht
- **Kauderwelsch-Sprachführer** – schnell und einfach die Landessprache lernen
- **Kauderwelsch plus** – Sprachführer mit umfangreichem Wörterbuch
- **world mapping project™** – aktuelle Landkarten, wasserfest und unzerreißbar
- **Reisetagebuch** – das Journal für Fernweh
- **Edition Reise Know-How** – Geschichten, Reportagen und Abenteuerberichte

Weitere Titel

Reiseführer
Vietnam
ISBN 978-3-8317-2924-1
756 Seiten | 62 Stadtpläne und Karten
€ 24,90 [D]

- Reisepraktische Informationen von A bis Z
- Sorgfältige Beschreibung aller sehenswerten Orte und Landschaften
- Ausführliche Kapitel zu Geschichte, Gesellschaft, Kultur & Natur
- Unterkunftsempfehlungen für jeden Geldbeutel
- Hinweise zu Transportmöglichkeiten
- Empfehlungen für den Alltag (Verhaltenstipps etc.)

für die Region aus dem
Reise Know-How Verlag

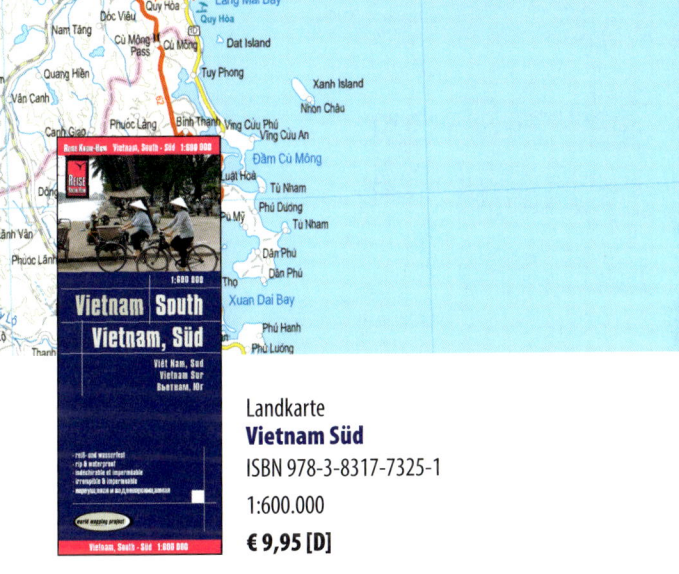

Landkarte
Vietnam Süd
ISBN 978-3-8317-7325-1
1:600.000
€ 9,95 [D]

Diese Landkarte aus dem **Reise Know-How Verlag**
zeichnet sich durch besonders stabiles Kunststoffpapier aus,
das beschreibbar ist wie Papier, reiß- und wasserfest.

Wörterliste Deutsch – Vietnamesisch

Frauen aus Sa Pa

Die Wörterlisten enthalten einen erweiterten Grundwortschatz. Die alphabetische Sortierung der vietnamesischen Wörter behandelt die Buchstaben mit Sonderzeichen (aber nicht die Töne!) grundsätzlich als separate Buchstaben. Ansonsten gleichlautende Stichwörter werden anschließend nach den sechs Tönen sortiert (s. S. 18). Nur die erste Silbe zählt.

A

abbiegen rẽ
Abend buổi tối
Abendessen
   bữa ăn chiều,
   bữa ăn tối
aber nhưng mà
Abfahrt sự khởi hành
Abhang sườn núi
abhängen phụ thuộc
abheben (Flugzeug)
   cất cánh;
   (Geld) rút
ablehnen từ chối
abnehmen (Gewicht)
   sút cân
abrechnen thanh toán
Abschied sự tạm biệt,
   sự vĩnh biệt
abschleppen dắt xe
Absender người gửi
absteigen xuống
Abteilung ban
abwesend vắng mặt
Achse trục
Achtung chú ý
Ader mạch máu
Adresse địa chỉ
Affe con khỉ
Ahnen tổ tiên
ähnlich giống
Alkohol rượu

alle (Dinge) tất cả;
   (Personen)
   mọi (người)
allein một mình
Allergie bệnh dị ứng
allmählich dần dần
Almosen: A. geben
   bố thí
als (wie) như;
   (zeitl.) khi;
   a. ob như là
alt (nicht jung) già;
   (nicht neu) cũ;
   (antik) cổ
Altar bàn thờ
Alter (Lebens-) tuổi
Ameise con kiến
Ampel đèn giao thông
analphabetisch
   mù chữ
anbieten (Vorschlag)
   đề nghị;
   (Ware) mời mua
Andenken lưu niệm
anderer khác
Anfang sự bắt đầu
anfangen bắt đầu
angenehm dễ chịu
Angestellter nhân viên
angreifen tấn công
Angst: A. haben sợ
anhalten dừng
ankommen đến (nơi),
   tới (nơi)

ankündigen báo trước
anlässlich nhân dịp
anmelden đăng ký
annehmen nhận
anprobieren mặc thử
anständig
  đường hoàng
anstrengend vất vả
Antwort câu trả lời
antworten trả lời
Anwalt luật sư
anwesend có mặt
anzeigen tố cáo
anziehen mặc
Anzug bộ quần áo
anzünden đốt;
  (Streichholz) quẹt
Apotheke hiệu thuốc
Appetit sự thèm ăn
applaudieren vỗ tay
Arbeit công việc
arbeiten làm việc
Arbeiter công nhân
arbeitslos thất nghiệp
ärgerlich tức giận
arm nghèo
Arm cánh tay
Armband vòng đeo tay
Armee quân đội
Art: A. und Weise
  phương thức
artig ngoan
Arzt bác sĩ
Asche tro
Aschenbecher
  cái gạt tàn

Asien châu Á
Ast cành
atmen thở
auch cũng
Aufenthalt sự lưu lại
Aufgabe nhiệm vụ
aufhören thôi
aufstehen ngủ dậy
aufsteigen trèo lên
Auge mắt
Augenarzt
  bác sĩ nhãn khoa
Ausflug
  chuyến đi tham quan
ausfüllen điền vào
Ausgang lối ra
ausgeben chi phí
ausgezeichnet
  tuyệt vời
Ausland nước ngoài
Ausländer
  người nước ngoài
Ausnahme ngoại lệ
ausschalten tắt
außer trừ phi
außerdem ngoài ra
außerhalb ở ngoài
Aussprache phát âm
aussteigen xuống
Ausstellung
  cuộc triển lãm
Auster con hàu
auswechseln thay đổi
ausziehen cởi áo (ra)
Auto xe hơi, xe ô-tô
Automat máy tự động

B

Baby trẻ sơ sinh
backen làm bánh
baden tắm
Badehose quần tắm
Badezimmer
  buồng tắm
Bahnhof nhà ga
bald sắp
Balkon ban-công
Ball quả bóng
Bambus tre
Bank (Geld) ngân hàng
barfuß chân đất
Bart râu
Batterie pin
Bauch bụng
bauen xây dựng
Bauer nông dân
Baum cây
Baumwolle bông
beabsichtigen định
Beamter công chức
beantragen thỉnh cầu
bedeuten có nghĩa là
Bedeutung nghĩa
Bedingung điều kiện
bedrohen đe dọa
beeilen, sich vội
beenden kết thúc
befinden, sich có
begegnen (sich)
  gặp (nhau)
begleiten đi cùng
begrüßen chào

behandeln (Arzt)
  điều trị
behindert tàn tật
Behörde cơ quan
beide cả hai (đều)
Bein chân
Beispiel ví dụ;
  zum Beispiel
  ví dụ như
beißen cắn
bekommen nhận
belästigen làm phiền
beleidigen xúc phạm
bemühen, sich
  cố gắng
Benzin xăng
beobachten theo dõi
bequem thoải mái
berechnen tính toán
bereit sẵn sàng
Berg núi
Beruf nghề nghiệp
berühmt nổi tiếng
bescheiden
  thanh đạm
beschützen bảo hộ
Besen chổi
Besitzer người chủ
besonders đặc biệt
bestellen đặt
bestrafen phạt
besuchen thăm
Betrieb xí nghiệp
betrügen lừa đảo
betrunken say rượu
Bett giường

betteln ăn mày
Bettler người ăn mày
Bettzeug chăn chiếu
bevor trước khi
bewegen, sich
  chuyển động
Bibliothek thư viện
Biene con ong
Bier bia
Bild tranh ảnh
billig rẻ, hời
bis đến
bisschen: ein b.
  một tí, một ít,
  một chút
bitten xin
bitter đắng
Blatt (Baum) tàu;
  (Papier) tờ
bleiben ở lại
Bleistift bút chì
Blick cái nhìn
blind mù
Blitz sét
Blume hoa
Blut máu, huyết
bluten chảy máu
Boden đất đai;
  (Fuß-) sân nhà
Bohne đậu
Boot thuyền
böse ác
Botschaft (dipl.)
  đại sứ quán
Brand đám cháy
Brauch phong tục

brauchen cần
Braut cô dâu
brechen bẻ gãy
breit rộng
Bremse cái phanh
brennen cháy
Brett tấm ván
Brief lá thư
Briefmarke tem
Brille cái kính;
  (Sonnen-) kính râm
bringen đem
Brot bánh mì
Brücke cái cầu
Brunnen cái giếng
Brust (-korb) ngực;
  (weibl.) vú
Buch quyển sách
buchen đặt trước
Buchstabe chữ cái
Bucht vịnh
Buddha Ông Bụt
Buddhismus
  Phật giáo
Büffel con trâu
Bügeleisen bàn là
bügeln là quần áo
Burg thành trì
Bürgersteig vỉa hè
Büro văn phòng
Bürste bàn chải
Bus xe buýt
Bußgeld tiền phạt
Büstenhalter nịt ngực
Butter bơ

C

Café quán cà-phê
Chauffeur
  người lái xe
Chef ông chủ
Christentum
  Cơ-Đốc giáo
Computer máy tính

D

Dach mái
Damenbinde
  băng vệ sinh
damit để mà
Dämmerung (Abend-)
  hoàng hôn;
  (Morgen-) bình minh
danach sau đó
dankbar (sein)
  biết ơn
danken cảm ơn
Darm ruột
dass rằng
Datum ngày tháng
dauern kéo dài
Daumen ngón tay cái
Decke cái chăn;
  (Zimmer-) trần nhà
Deckel cái nắp
Deich con đê
denken nghĩ
Denkmal
  tượng kỷ niệm

deshalb vì thế,
  cho nên
desinfizieren
  sát trùng
deutsch Đức
Deutsche(r)
  người Đức
Deutschland
  nước Đức
Devisen ngoại tệ
  (mạnh)
Diät: D. halten
  ăn kiêng
dick (z. B. Buch) dày;
  (Lebewesen) béo
Ding cái
Dokument văn kiện
Dorf làng xã
dort ở đó
Dose hộp
Draht sợi dây thép
drehen, sich quay
dringend cấp bách
drucken in
drücken đè nén
Dschungel rừng rậm
duften thơm
dumm ngu
dunkel tối
dünn (Umfang) mỏng;
  (wässrig) loãng;
  (mager) gầy
Durchfall ỉa chảy
Durst: D. haben khát
Dusche vòi hoa sen

E

echt thật, thực
Ecke góc
Ehefrau vợ
Ehemann chồng
ehrlich thật thà
Ei trứng
Eidechse con thằn lằn
eifersüchtig ghen
Eigentum của riêng
eilig vội vàng
Eimer xô
einander lẫn nhau
einerseits ...
  andererseits
  một mặt thì ...
  mặt khác thì
einfach dễ dàng
Eingang lối vào
eingießen rót
einige mấy, vài
einkaufen mua sắm
einladen mời
einpacken gói
Einschreiben
  thư bảo đảm
einsteigen trèo lên
Eintrittskarte
  vé vào cửa
Einwohner người dân
einzeln cá thể,
  riêng lẻ
Eis (Natur) băng;
  (Speise-) kem;
  (Würfel) nước đá

Eisen sắt
Eisenbahn xe lửa
Eiter mủ
Elefant con voi
elektrisch điện
Elektrizität điện lực
Eltern bố mẹ, cha mẹ
empfangen (Gast) đón
Empfänger người nhận
Ende sự kết thúc,
  sự tận cùng
endlich rốt cuộc
Energie năng lượng
eng hẹp, chật
englisch Anh
Enkel cháu
Ente con vịt
entscheiden
  quyết định
entschuldigen (jmdn.)
  tha lỗi;
  sich e. xin lỗi
entsprechend hợp
entstehen hình thành
entwickeln, sich
  phát triển
erbrechen, sich nôn
Erdbeben địa chấn
Erde (quả) đất
Erdgeschoss tầng trệt
Ereignis sự kiện
erfolgreich thành công
Ergebnis kết quả
erholen, sich nghỉ ngơi
erinnern, sich nhớ
Erkältung bệnh cảm

erklären giải thích
erlauben cho phép
Ermäßigung
  sự giảm bớt
Ernte mùa màng
Ersatzteil phụ tùng
erstaunt (sein)
  ngạc nhiên
erwachen thức dậy
Erwachsener người lớn
essen ăn
Essen (Speise)
  món ăn;
  (Bankett) bữa tiệc;
  (Mahlzeit) bữa ăn
Essig dấm
Essstäbchen đũa
Etage tầng
Euro tiền euro
Europa châu Âu
existieren tồn tại
exportieren xuất khẩu

F

Fabrik nhà máy
Fächer cái quạt
Faden sợi chỉ
fähig có khả năng;
  (begabt) có tài năng
Fahne là cờ
Fähre cái phà
fahren đi (xe), chạy;
  (steuern) lái xe
Fahrrad xe đạp

fallen (herab-) rơi;
  (hin-) ngã
falls nếu
falsch sai
Familie gia đình
fangen bắt
Farbe màu sắc
fast gần như
faul (träge) lười biếng;
  (verfault) mục nát
fegen quét
fehlen thiếu
Fehler sai lầm
Feier buổi lễ
Feiertag ngày lễ
feilschen mặc cả
Feld cánh đồng
Fell da lông
Fels tảng đá
Fenster cửa sổ
fern xa cách
Fernsehen
  vô tuyến truyền hình
Fernsehgerät máy ti-vi
fertig xong
Fest (jahreszeitl.) tết
Festland đất liền
Fett mỡ
feucht ướt
Feuer lửa
Feuerwehr đội cứu hỏa
Fieber sốt
Filiale chi nhánh
Film phim
finden tìm thấy
Finger ngón tay

Fisch con cá
fischen đánh cá
flach (eben) phẳng
Flachland đồng bằng
Flasche cái chai
Fleisch thịt
fleißig chăm chỉ
Fliege con ruồi
fliegen (aktiv) bay;
  (Reise) đi máy bay
fliehen chạy trốn
fließen chảy
flirten chim chuột
Flug chuyến bay
Flügel cảy cánh
Fluggesellschaft
  công ty hàng không
Flughafen sân bay
Flugzeug máy bay
Fluss con sông
Flüssigkeit chất lỏng
flüstern thì thầm
Föhn máy sấy tóc
folgen đi theo
Formular tờ mẫu
fortsetzen tiếp tục
Foto tấm ảnh
Fotoapparat máy ảnh
fotografieren chụp ảnh
Frage câu hỏi
fragen hỏi
französisch Pháp
Frau phụ nữ, đàn bà
Frauenarzt
  bác sĩ phụ khoa

frei tự do;
  (unbelegt) trống
freiwillig tình nguyện
Freizeit: F. haben rảnh
fremd lạ
freuen, sich vui mừng
Freund bạn
freundlich niềm nở
Freundschaft tình bạn
Frieden hòa bình
Friedhof nghĩa trang
frieren rét run
frisch tươi;
  (kühl) mát mẻ
Friseursalon
  hiệu cắt tóc
fröhlich vui tươi
Frosch con ếch
Frucht quả
früh sớm
früher ngày xưa
Frühstück bữa ăn sáng
fühlen cảm thấy
führen dẫn
Führerschein
  bằng lái xe
für cho
fürchten, sich sợ hãi
Fuß bàn chân
Fußball bóng đá

G

Gabel cái nĩa
Gans con ngỗng
Garage nhà ga-ra

Garnele con tôm
Garten vườn
Gas chất khí;
  G. geben mở ga
Gasse ngõ hẻm
Gast khách
Gastgeber
  người tiếp khách
gebären sinh đẻ
Gebäude ngôi nhà
geben cho;
  es gibt có
Gebiss bộ răng giả
Geburtstag sinh nhật
Gecko con tắc kè
Gedächtnis trí nhớ
Gedanke ý nghĩ
Gefahr nguy cơ
gefährlich nguy hiểm
Gefängnis nhà tù
Gegend vùng
Gegenteil: im G.
  ngược lại
geheim bí mật
gehen đi
Gehirn óc, não
Geld tiền
Geldschein tờ giấy bạc
Gelegenheit dịp
Geliebte(r) người yêu
gelingen đạt, được
Gemeinde xã
Gemüse rau
genau chính xác
genießen thưởng thức
genug (đầy) đủ

Gepäck hành lý
gerade (-aus) thẳng;
  (jetzt) đang
gern sẵn lòng
Geräusch tiếng động
Geschäft (Tätigkeit)
  công việc
geschehen xẩy ra
Geschenk quà tặng
Geschichte (Erzählung)
  mẩu chuyện;
  (Historie) lịch sử
geschickt khéo
geschieden được ly dị
geschlossen đóng
Geschmack (Essen)
  khẩu vị
Geschwindigkeit
  tốc độ
Gesellschaft xã hội;
  (Firma) công ty
Gesetz đạo luật
Gesicht khuôn mặt
Gespräch
  cuộc nói chuyện
Gestank mùi hôi
gestern hôm qua
gesund khỏe
Gesundheit sức khỏe
Getränk đồ uống
Gewicht trọng lượng
gewinnen thắng
gewiss chắc chắn
Gewitter mưa giông
gewöhnen, sich
  tập quen

Gewohnheit thói quen
Gewürz đồ gia vị
Gift chất độc
Gipfel (Berg) đỉnh núi
Glas (Material)
  thủy tinh;
  (Trink-) cốc;
  (Scheibe) tấm kính
glatt bằng phẳng
glauben tin
gleichberechtigt
  bình đẳng
gleichzeitig đồng thời
Glocke cái chuông
Glück hạnh phúc
glücklich sung sướng
Glühbirne
  bóng đèn điện
Gold vàng
Gong (klein) cái cồng;
  (groß) cái chiêng
Gott chúa trời
Grab mộ
Graben mương
Grad độ
Grammatik ngữ pháp
Gras cỏ
gratulieren chúc mừng
grausam dã man
Grenze biên giới
Grippe bệnh cúm
groß lớn, to
Größe (Kleidung) cỡ
Gruppe nhóm
grüßen chào
gültig (sein) có giá trị

Gummi cao-su
günstig thuận lợi
Gürtel thắt lưng
gut tốt
Gymnastik thể dục

H

Haar (Kopf-) tóc
haben có
Hafen hải cảng
Hai cá mập
halb nửa
Halbinsel bán đảo
Hälfte nửa
Hals cổ
Haltestelle bến xe
Hammer cái búa
Hand bàn tay
handeln (Geschäft)
  buôn bán;
  (etw. tun) hành động
Handtuch khăn mặt
hängen treo;
  (an Haken) móc
hart cứng
Hase con thỏ rừng
hassen căm ghét
hässlich xấu
Hauptstadt thủ đô
Haus ngôi nhà;
  zu Hause ở nhà
Haut da
Hautcreme
  kem bôi da
heben nâng lên

Heft quyển vở
heiraten cưới, kết hôn
heiß nóng
heißen tên là
helfen giúp đỡ, hộ
hell sáng
Hemd áo sơ-mi
Herz quả tim
heute hôm nay
hier ở đây
Himmel trời
hin: h. und her
  đi đi lại lại;
  h. und zurück
  cả đi cả về
hinab xuống
hinauf lên
hinaus ra
hinausgehen đi ra
hinein vào
hineingehen bước vào
hinlegen, sich
  nằm xuống
hinten ở phía sau
Hintern đít
hinweisen chỉ dẫn
hinzufügen bổ sung
Hirsch con hươu
hoch cao
Hochebene
  cao nguyên
Hochzeit đám cưới
Hof sân
höflich lịch sự
Holz gỗ
Honig mật ong

hören nghe
Hose cái quần
Hotel khách sạn
hübsch xinh
Hubschrauber
  máy bay trực thăng
Huhn con gà
Hund con chó
Hunger: H. haben đói
Hupe còi xe
husten ho
Hut cái mũ
Hütte túp lều
hygienisch vệ sinh

 I

identisch đồng nhất
immer luôn luôn
impfen tiêm phòng
importieren nhập khẩu
Industrie
  nền công nghiệp
Information
  sự thông tin
informieren báo tin
Ingenieur kỹ sư
Inhalt nội dung
innerhalb ở trong
Insekt sâu bọ,
  côn trùng
Insel hòn đảo
interessant thú vị
interessieren, sich
  quan tâm
international quốc tế

irgendetwas cái gì đó
irren, sich nhầm lẫn

 J

Jacke áo vét
jagen (đi) săn
Jahr năm
Jahreszeit mùa
Jahrhundert thế kỷ
jeder mọi
jetzt bây giờ
Journalist nhà báo
Jugendlicher
  người thanh niên
jung trẻ
Junge con trai
Jurist luật gia

 K

Kabel dây cáp
Kaffee cà-phê
kahl (rasiert) trọc
Kakao ca-cao
Kakerlake con gián
Kalb con bê
kalt rét
Kamm cái lược
kämmen chải tóc
kämpfen đấu tranh
Kanal sông đào
Kaninchen
  con thỏ nhà
Kanne cái bình
kaputt hư hỏng

Käse pho-mát
Kasse nơi nhận tiền
Katze con mèo
kauen nhai
kaufen mua
Kellner người hầu bàn
kennen biết
Kerze cây nến
Kette dây chuyền
Kind đứa trẻ;
   Kinder trẻ em
Kinderarzt
  bác sĩ nhi khoa
Kinn cái cằm
Kino rạp chiếu bóng
Kirche nhà thờ
Kissen gối
Kiste cái hòm
Klammer cái kẹp
klar rõ ràng
Klasse (Güte-) hạng;
  (Schul-) lớp học
kleben dán
Kleid áo đầm
Kleidung quần áo
klein bé, nhỏ, thấp
Klimaanlage
  máy điều hòa
Klingel cái chuông
Klosett cầu tiêu
Kloster tu viện
klug thông minh
Knie đầu gối
Knoblauch tỏi
Knochen xương
Knopf cúc áo

Koch người nấu bếp
kochen nấu bếp;
  (Tee) pha chè
Koffer va-li
Kohle than
Kokospalme cây dừa
Kollege
  bạn đồng nghiệp
kommen đến, tới
kompliziert phức tạp
Kondom bao cao-su
König nhà vua
können biết
Konsulat lãnh sự quán
Kontaktlinse
  kính áp tròng
Konto tài khoản
kontrollieren kiểm tra
Konzert buổi hòa nhạc
Kopf đầu
Kopie bản sao
Korb cái làn
Körper thân thể
Korridor hành lang
kostbar quý báu
kostenlos miễn phí
Kot phân người
Krabbe con cua
Kraft sức mạnh
krank ốm
Krankenhaus
  bệnh viện
Krankenschwester
  cô y tá
Krankenwagen
  xe cấp cứu

Krankheit bệnh tật
Kreditkarte
  thẻ tín dụng
Kreis vòng tròn
Kreuz thánh giá
Kreuzung ngã tư
kriechen bò
Krieg chiến tranh
kritisieren phê bình
Krokodil con cá sấu
krumm cong
Küche gian bếp
Kuchen bánh ngọt
Kugelschreiber bút bi
Kühlschrank tủ lạnh
Kultur nền văn hóa
Kunst nghệ thuật
Kunsthandwerk
  sản phẩm mỹ nghệ
Kupfer đồng
kurz ngắn
Kuss cái hôn
küssen hôn
Küste bờ biển

L

lächeln mỉm cười
lachen cười
Lack sơn
Laden cửa hàng
Lage (Position) vị trí;
  (Zustand) tình trạng
Laken khăn trải giường
Lampe cái đèn

Land (đất) nước;
  (Dorf) nông thôn
Landkarte bản đồ
Landwirtschaft
  nền nông nghiệp
lang dài
lange (Zeit) lâu
langsam chậm
langweilig buồn tẻ
Lärm tiếng ồn ào
lassen cho phép,
  để cho
Lastwagen xe vận tải
laufen chạy
laut ồn ào
leben sống
Leben cuộc sống
Lebensmittel
  lương thực
Leber lá gan
Leder da thuộc
leer trống
legen đặt, để
lehren giảng dạy
Lehrer giáo viên
leicht nhẹ nhàng
leiden chịu khổ
leider đang tiếc
leihen, sich mượn;
  (Geld) vay
leise yên lặng
Leitung (elektr.)
  dây điện
lernen học tập
lesen đọc
letzter cuối cùng

leuchten chiếu sáng
Licht ánh sáng;
  (Lampe) ánh đèn
Lid mí mắt
Liebe tình yêu
lieben yêu mến
liebenswert đáng yêu
Lied bài hát
liefern cung cấp
links bên trái
Lippe cái môi
Liter lít
Literatur văn học
Lob lời khen
Loch cái lỗ
Löffel cái thìa
Lohn tiền lương
lohnen, sich có lợi
losgehen xuất phát
Lotos hoa sen
Luft không khí
lügen nói dối
Lunge phổi
luxuriös xa xỉ

M

machen làm
Mädchen con gái
Magen dạ dày
mahlen xay
Mal lần
Malaria bệnh sốt rét
malen vẽ
man người ta

manchmal
  thình thoảng
Mann đàn ông
männlich nam
Marmelade mứt như
Maschine máy móc
massieren xoa bóp
Matratze cáy đệm
Matte cáy chiếu
Mauer bức tường
Maus con chuột nhắt
Mechaniker thợ máy
Medikament
  thuốc men
Medizin y học
Meer biển
Mehl bột
Meinung ý kiến
meistens phần nhiều
Menge số lượng
Mensch con người
messen đo (đạc)
Messer con dao
Metall kim loại
Meter mét
Methode phương pháp
mieten thuê
Milch sữa
mild (Klima) ôn hòa
mindestens ít nhất
Mineralwasser
  nước suối
Ministerium bộ
Minute phút
mischen pha, trộn
Mitglied thành viên

Mittag buổi trưa
Mitte trung tâm
Mitternacht nửa đêm
Mode thời trang
möglich có khả năng
Monat tháng
Mönch (buddh.)
　ông sư
Mond mặt trăng
Monsun gió mùa
Moped xe máy
morgen ngày mai
Morgen buổi sáng
Motorrad xe mô-tô
Mücke con muỗi
müde buồn ngủ;
　(matt) mệt nhọc
Müll rác bụi
Mund cái miệng
Mündung cửa sông
Muschel con sò
Museum viện bảo tàng
Musik âm nhạc
müssen phải
mutig can đảm
Mutter người mẹ
Mütze cái mũ (nhỏ)

N

nach sau
nachahmen bắt chước
Nachbar
　người láng giềng
nachdem sau khi
nachdenken suy nghĩ

Nachmittag buổi chiều
Nachricht tin tức
nächster sau
Nacht đêm
Nachteil nhược điểm
nackt trần truồng
Nadel cái kim
Nagel cái đinh;
　(Finger-) móng tay
nahe ở gần
nähen may, khâu
Name tên;
　(Familien-) họ
Nase cái mũi
nass ướt
Nation dân tộc
Natur thiên nhiên
natürlich (n. künstlich)
　tự nhiên;
　(selbstverständlich)
　dĩ nhiên
Nebel sương mù
nehmen cầm
nervös nóng nảy
Netz (Fischer-) cái lưới;
　(-werk) mạng (lưới)
neu mới
neugierig tò mò
neulich vừa rồi
nicht không
nie không bao giờ
niedrig thấp
Niere quả thận
niesen hắt hơi

noch còn;
　n. mal một lần nữa;
　n. nicht chưa
Norden (Gebiet)
　miền Bắc;
　(Richtung) phía Bắc
normal bình thường
normalerweise
　thường thường
Notizbuch
　quyển sổ tay
notwendig cần thiết
Nummer số
nur chỉ
nutzen sử dụng
nützlich có ích

O

oben ở trên
Obst quả cây
obwohl mặc dù
oder hay là, hoặc là
Ofen (Back-) lò
offen mở
öffentlich công khai
offiziell chính thức
öffnen mở ra
oft thường
Ohr cái tai
Öl dầu
Ordnung sự trật tự
organisieren tổ chức
Ort (Platz) chỗ, nơi;
　(Ortschaft)
　địa phương

Osten phía Đông

P

Paar một đôi;
 (Menschen) một cặp
Packung gói
Pagode chùa
Paket bưu kiện
Palast cung điện
Panne sự hỏng máy
Papier giấy
Parfüm nước hoa
Park công viên
parken đậu xe
Parkplatz chỗ đậu xe
Partei đảng
Pass (Reise-) hộ chiếu;
 (Straße) cái đèo
passen vừa vặn, hợp
Patient bệnh nhân
Pension nhà trọ
Perle hạt ngọc trai
Person nhân vật
Pfeffer hạt tiêu
Pferd con ngựa
Pflanze cây cối
pflanzen trồng trọt
Pflaster băng dán
pflegen chăm sóc
Pflicht nghĩa vụ
Philosophie triết học
Pilot phi công
Pilz nấm
Plastik nhựa
Platte (CD) đĩa hát

Platz (öffentlich)
 quảng trường;
 (Sitz-) chỗ ngồi
platzen nổ
plötzlich bỗng nhiên
Politik chính trị
Polizei công an
Polizeistation
 đồn công an
Portemonnaie ví tiền
Post bưu điện
Postkarte bưu thiếp
Präsident chủ tịch
Preis giá cả;
 P. senken hạ giá
Priester (kathol.)
 linh mục
privat cá nhân, riêng
probieren thử
Problem vấn đề
Produkt sản phẩm
produzieren sản xuất
Professor giáo sư
Programm
 chương trình
Provinz tỉnh
Prozent phần trăm
Pullover áo len
Pulver bột
Pumpe máy bơm
Punkt điểm
Puppe con búp-bê

Q

Quadrat vuông

Qualität chất lượng
Qualle con sứa
Quelle nguồn
Quittung biên nhận

R

Rad bánh xe
Radio máy thu thanh
Rand mép
Rasen bãi cỏ
rasieren, sich cạo râu
Rasiermesser dao cạo
Rathaus tòa thị chính
Ratte con chuột cống
Rauch khói
rauchen hút thuốc
rauh thô
Raum phòng
reagieren phản ứng
rechnen tính toán
Rechnung hóa đơn
Recht quyền hạn;
 R. haben có lý
rechtmäßig hợp lý
rechts bên phải
rechtswidrig
 phạm pháp
rechtzeitig kịp thời
reden nói
Regel quy tắc
regelmäßig đều
regeln điều chỉnh
Regen mưa
Regenbogen cầu vòng
Regenzeit mùa mưa

Regierung chính phủ
reich giàu
reif chín
Reifen lốp xe
reinigen tẩy sạch
Reise chuyến đi du lịch
Reisebüro
  công ty du lịch
reisen du lịch
reiten cưỡi
rennen chạy
Rentner người về hưu
reparieren sửa chữa
respektieren tôn trọng
Rest phần còn lại
Restaurant quán ăn
retten cứu
Revolution
  cuộc cách mạng
richtig đúng
Rind con bò
Ring (Schmuck) nhẫn
ringsum xung quanh
Rippe xương sườn
roh sống
Rock cái váy
Rose hoa hồng
Rücken cái lưng
Rückfahrt chuyến về
Rucksack ba-lô
rückständig lạc hậu
rückwärts thụt lùi
Ruderboot
  thuyền chèo
rufen gọi
ruhig yên tĩnh

rund tròn
Rundfunk
  đài phát thanh
rutschen trượt

S

Sack cái bị
Säge cái cưa
sagen nói, báo
Salbe thuốc bôi
Salz muối
salzig mặn
sammeln thu tập
Sand cát
Sandale dép
Sandbank bãi cát
Sänger ca sĩ
satt no
Satz (Garnitur) bộ;
  (Text) câu
sauber sạch sẽ
sauer chua
schaden làm hại
Schaden sự thiệt hại
Schaf con cừu
Schale (Gefäß) cái bát,
  cái chén;
  (Hülle) vỏ
schälen bóc vỏ
Schalter (Licht)
  công tắc điện;
  (Tickets) nơi bán vé
schämen, sich
  thẹn thùng

scharf (Klinge) sắc;
  (Speise) cay
Schatten bóng
schauen nhìn, ngắm
Schaufel cáy xẻng
Schaum bọt
Schauspiel vở kịch
Schauspieler
  diễn viên
Scheck séc
scheiden:
  sich sch. lassen ly dị
scheinen (Anschein)
  có vẻ như
schenken tặng
Schere cái kéo
scherzen bông đùa
schicken gửi
Schicksal số phận
schießen bắn
Schiff tàu thủy
Schild biển đề
Schildkröte con rùa;
  (Fluss-) con ba ba
Schilf cây lau
Schimmel mốc
schimpfen mắng
Schirm (Regen-) cái ô;
  (Sonnen-) cái lọng
schlafen ngủ
Schlafsack túi ngủ
Schlafzimmer
  phòng ngủ
schlagen đánh

Schlange con rắn;
  (Riesen-) con trăn;
  Sch. stehen
  xếp hàng
schlank cao thon
Schlauch ống cao-su
schlecht tồi, xấu
schließen đóng;
  (ab-) khóa
schließlich cuối cùng
Schloss (Tür-) ổ khóa
Schlüssel chìa khóa
schmackhaft ngon
schmecken
  ngon miệng
Schmerz nỗi đau
Schmetterling
  con bướm
Schmuck đồ trang sức
schmutzig bẩn
Schnecke con sên;
  con ốc
Schnee tuyết
schneiden cắt
Schneider thợ may
schnell nhanh
Schnupfen sổ mũi
Schnurrbart râu mép
Schokolade sô-cô-la
schon đã, rồi
schön đẹp;
  (interessant) hay
Schrank cáy tủ
schreiben viết
schreien kêu
Schritt bước đi

Schublade ngăn kéo
schüchtern nhút nhát
Schuh giày
Schule trường học
Schüler học sinh
Schulter cái vai
schwach yếu
Schwamm bọt biển
schwanger có thai
Schwein con lợn
Schweiß mồ hôi
Schwemmland phù sa
schwer nặng
schwierig phức tạp
Schwimmbad hồ bơi
schwimmen bơi
schwitzen toát mồ hôi
See cái hồ
Seekrankheit say sóng
Seele linh hồn
Segel cái buồm
sehen xem, nhìn
Sehenswürdigkeiten
  danh lam thắng cảnh
sehr rất
Seide (tơ) lụa
Seife xà-phòng
Seil dây thừng
seit từ
Seite (Buch) trang;
  (Richtung) bên, phía
Sekretär(in) thư ký
Sekunde giây
selbst tự (mình)
selbstbewusst tự tin
selten hiếm

Senf mù-tạt
Serviette khăn ăn
setzen, sich
  ngồi xuống
Shampoo
  thuốc gội đầu
sicher an toàn
Silber bạc
singen (Mensch) hát;
  (Vogel) hót
sitzen ngồi
so như thế
Socke bít tất ngắn
soeben vừa mới, đang
sogenannt gọi là
Sohn con trai
solcher như thế này
Soldat người lính
sollen nên
Sonne mặt trời
sonnenbaden
  tắm nắng
sorgen (für) chăm sóc
sowohl ... als auch
  cả ... lẫn
sparen dành dụm
sparsam tiết kiệm
spät muộn
spazieren đi chơi
Speisekarte thực đơn
Spezialist chuyên gia
Spiegel cái gương
Spiel trò chơi
spielen chơi
Spielzeug đồ chơi
Spinne con nhện

Sport thể thao
Sprache ngôn ngữ,
  tiếng nói
Spray thuốc xịt
sprechen nói
Springbrunnen
  giếng phun
springen nhảy
Spritze ống tiêm
spritzen (Injekt.) tiêm;
  (Wasser) phun
Staat nhà nước
Staatsangehörigkeit
  quốc tịch
Stadion sân vận động
Stadt thành phố
Stadtbezirk quận
Stahl thép
stark mạnh
Statue bức tượng
Staub bụi
stechen chích;
  (Insekt) đốt
Steckdose ổ cắm điện
stecken cắm, nhét
Stecker phích cắm điện
stehen đứng
stehlen ăn cắp
steigen (Preis u. ä.)
  tăng lên
Stein đá
stellen đặt, để
Stempel con dấu
sterben chết
Stern ngôi sao
Steuer tiền thuế

sticken thêu
Stift bút
Stil (Architektur) kiểu
still yên tĩnh
Stimme tiếng nói
Stoff (Textil) vải
stolz tự hào
strafen trừng phạt
Strand bãi biển
Straße phố,
  đường phố;
  (Land-) quốc lộ
Straßenbahn xe điện
Streichholz diêm
streiten tranh cãi
Strom (elektr.) điện
Strumpf bít tất
Student sinh viên
Stuhl cái ghế
stumm câm
Stunde thì giờ
Sturm bão
suchen tìm
Süden (Gebiet)
  miền Nam;
  (Richtung)
  phương Nam
Sumpf lầy bùn
Suppe cánh, xúp
süß ngọt
Symbol vật tượng trưng

T

Tabak thuốc lá
Tablett cái mâm

Tag ngày
täglich hàng ngày
Taifun đại phong
Tal thung lũng
Tankstelle trạm xăng
tanzen múa;
  (westl.) nhảy đầm
Tasche cái túi
Taschenlampe đèn pin
Taschentuch
  khăn mùi-soa
Tasse cái chén,
  cái tách
Tatsache sự thật
taub điếc
tauchen lặn
tauschen đổi
Taxi xe tắc-xi
Tee (nước) chè
teilen chia
Telefon điện thoại
telefonieren
  gọi điện thoại
Teller cái đĩa
Tempel (daoist.) đền,
  miếu
Temperatur nhiệt độ
Teppich tấm thảm
Termin định kỳ
Termite con mối
teuer đắt
Theater nhà hát
tief sâu
Tier con vật
Tiger con cọp,
  con hổ

Tintenfisch cá mực
Tisch cái bàn
Tochter con gái
Toilette nhà vệ sinh
Toilettenpapier
  giấy vệ sinh
Topf cái nồi
Tor cái cổng
tot chết
töten giết chết
Tradition truyền thống
tragen mang;
  (Brille) đeo (kính);
  (Kleidung) mặc (áo);
  (Kind, auf Arm)
  bế (con);
  (auf Schulter) vác
träumen mơ
traurig buồn
treffen (jmdn.) gặp;
  (Ziel) trúng
trennen, sich chia ly
Treppe cầu thang
treu trung thành
trinken uống
Trinkgeld tiền boa
trocken khô
trocknen phơi khô
Tropen vùng nhiệt đới
T-Shirt áo thun
Tunnel đường hầm
Tür cái cửa
Turm cái tháp
Tüte túi giấy

U

üben luyện tập
überall khắp mọi nơi
überdrüssig chán
überqueren đi qua
Überschwemmung
  nạn lụt
übersetzen dịch
Übersetzer
  người phiên dịch
übertreiben
  cường điệu
überzeugen
  thuyết phục
üblich thông dụng
übrig: ü. bleiben
  còn lại
übrigens và lại
Uhr đồng hồ
um: u. ... zu để mà
Umgebung hoàn cảnh
umgekehrt ngược lại
umsteigen chuyển tàu
Umwelt môi trường
und và;
  u. so weiter vân vân
Unfall tai nạn
ungefähr khoảng
unglaublich
  không thể tin được
Universität
  trường đại học
unschuldig vô tội
unsinnig vô lý
unten ở dưới

unterhalten, sich
  nói chuyện
Unterhaltung (Spaß)
  trò vui
Unterhemd áo lót
Unterhose quần lót
unterscheiden
  phân biệt
Unterschied
  sự khác nhau
unterschreiben ký tên
Unterschrift chữ ký
Urlaub: U. haben
  nghỉ phép
ursprünglich
  nguyên thủy

V

Vase lọ hoa
Vater bố, cha
Vegetarier
  người ăn chay
Ventil xú-páp
Ventilator máy quạt
verabreden, sich hẹn
verabschieden, sich
  chia tay
verändern thay đổi
verantwortlich
  chịu trách nhiệm
verbessern cải thiện
verbieten cấm
Verbindung liên hệ
verbrauchen tiêu dùng
Verbrechen tội nặng

verdauen tiêu hóa
verfluchen nguyền rủa
Vergangenheit
  quá khứ
vergessen quên
vergleichen so sánh
verheiratet (Frau)
  có chồng;
  (Mann) có vợ
verkaufen bán
Verkehr giao thông
Verkehrsmittel
  phương tiện vận tải
verlassen rời bỏ
verleihen cho vay
verletzt bị thương
Verletzung vết thương
verlieren (Ding) mất;
  (Niederlage) thua
verloben, sich hứa hôn
vermeiden tránh khỏi
vermieten cho thuê
verrückt điên;
  v. werden phát điên
verschieben (Termin)
  hoãn lại
verschieden khác nhau
verschwinden biến mất
Versicherung
  sự bảo hiểm
verspäten, sich
  đến chậm
versprechen hứa hẹn
verstehen hiểu
versuchen thử

verwandt bà con
viel nhiều
vielleicht có lẽ
Vogel con chim
Volk nhân dân;
  (Nation) dân tôc
voll đầy
voraus: im v. trước
vorbeigehen đi qua
vorbereiten chuẩn bị
Vorhang cái màn
vorne ở phía trước
vorschlagen đề nghị
vorsichtig cẩn thận
vorstellen (sich)
  (tự) giới thiệu;
  (sich etwas)
  tưởng tượng
Vorteil ưu diểm
vorwärts tiến lên

W

Waage cái cân
wach thức giác
wachsen (gedeihen)
  mọc lên;
  (groß w.) lớn lên
Waffe vũ khí
Wagen xe
Waggon toa
Wahl sự lựa chọn;
  (polit.) cuộc bầu cử
wahr thật
während trong (khi)

Wahrheit sự thật
Wald rừng
Wand bức tường
Wange cái má
warm nóng
warnen báo trước
warten chờ, đợi
Waschbecken
  chậu rửa
waschen rửa;
  (Wäsche) giặt
Wasser nước
Wasserfall thác nước
Wasserhahn cái vòi
wechseln đổi
wecken đánh thức
Weg con đường
wegen vì, do
weglegen xếp
wegwerfen vứt đi
weich mềm
weil vì
Wein rượu vang
weinen khóc
weit (entfernt) xa
Welle sóng
Welt thế giới
wenden quay lại
wenig ít
Werbung
  bài quảng cáo
werden trở thành
werfen ném
Werkstatt xưởng thợ
Werkzeug công cụ

Westen phía Tây
Westler người Tây
Wetter thời tiết
wichtig quan trọng
wieder lại, lần nữa
wiederholen nhắc lại
wiegen cân nặng
willkommen
  hoan nghênh
Wind gió
Windel tã lót
Wirt chủ quán
Wirtschaft nền kinh tế
wissen biết
Wissen sự hiểu biết
Wissenschaft
  khoa học
Witz chuyện tiếu lâm
Woche tuần
Wochenende cuối tuần
wohnen sống ở
Wohnung nhà ở
Wohnzimmer
  phòng khách
Wok cái chảo
Wolke mây
Wolkenkratzer
  nhà trọc trời
Wolle len
wollen muốn
Wort từ;
  (geschrieben) chữ
Wunde vết thương
wundern, sich
  ngạc nhiên

wünschen chúc,
  mong muốn
Wurm con giun
Wurst xúc-xích
Wurzel rễ cây

Z

zäh dai
Zahl con số
zahlen trả tiền
zählen tính, đếm
zahm thuần
Zahn răng;
  Zähne putzen
  đánh răng
Zahnarzt
  bác sĩ nha khoa
Zahnpasta
  kem đánh răng
zärtlich âu yếm
Zeichen tín hiệu
zeichnen vẽ
zeigen cho xem;
  (hinweisen) chỉ
Zeit thì giờ
Zeitschrift tạp chí
Zeitung tờ báo
zerbrechen đánh vỡ
zerbrochen vỡ
zerreißen xé
zerstören tàn phá
Zeuge nhân chứng
Ziege con dê
ziehen lôi, kéo

Zigarette
  điếu thuốc lá
Zikade con ve sầu
Zimmer gian phòng
Zoll thuế quan
Zoo vườn bách thú
zu (sehr) quá
Zucker đường
zuerst trước hết
zufällig tình cờ
zufrieden hài lòng
Zug tàu hỏa
zuhören lắng nghe
Zukunft tương lai
zuletzt cuối cùng
zunehmen (Gewicht)
  lên cân
Zunge lưỡi
zurück về
zurückkehren trở về,
  trở lại
zusammen cùng nhau
zwingen bắt buộc

Wörterliste Vietnamesisch – Deutsch

A

Á Asien
ác böse
ai wer
an toàn sicher
anh älterer Bruder
Anh englisch
ánh đèn Licht (Lampe)
ánh sáng Licht
ảnh Bild, Fotografie
áo Kleidungsstück
áo dài Seidenkleid
áo đầm Kleid
áo len Pullover
áo lót Unterhemd
áo sơ-mi Hemd
áo thun T-Shirt
áo vét Jacke

Ă

ăn essen
ăn cắp stehlen
ăn kiêng Diät halten
ăn mày betteln

Â

âm nhạc Musik
ấm cúng gemütlich
Âu Europa
âu yếm zärtlich

B

ba ba Flussschildkröte
ba-lô Rucksack
bà Frau (Anrede), Großmutter
bà con verwandt
bác Onkel (älterer, väterl.)
bác sĩ Arzt
bác sĩ nha khoa Zahnarzt
bác sĩ nhãn khoa Augenarzt
bác sĩ nhi khoa Kinderarzt
bác sĩ phụ khoa Frauenarzt
bạc Silber
bài hát Lied
bài quảng cáo Werbung
bãi biển Strand
bãi cát Sandbank
bãi cỏ Rasen
ban Abteilung
ban-công Balkon
bàn Tisch
bàn chải Bürste
bàn là Bügeleisen
bàn thờ Altar
bán verkaufen
bán đảo Halbinsel
bạn Freund

bạn đồng nghiệp Soldat
bản đồ Landkarte
bản sao Kopie
bánh mì Brot
bánh ngọt Kuchen
bánh xe Rad
bao cao-su Kondom
báo sagen
báo tin informieren
báo trước warnen, ankündigen
bảo hộ beschützen
bão Sturm
bát Schale
bay fliegen
Bắc Norden
bắn schießen
băng Eis
băng dán Heftpflaster
băng vệ sinh Damenbinde
bằng lái xe Führerschein
bằng phẳng glatt
bắp cải Kohl
bắt fangen
bắt buộc zwingen
bắt chước nachahmen
bắt đầu anfangen
bẩn schmutzig
bầu cử wählen (polit.)
bây giờ jetzt
bé klein

bẻ gãy brechen
béo dick
bê Kalb
bế tragen (auf Arm)
bên Seite
bến xe Haltestelle
bệnh cảm Erkältung
bệnh cúm Grippe
bệnh dị ứng Allergie
bệnh nhân Patient
bệnh sốt rét Malaria
bệnh tật Krankheit
bệnh viện
  Krankenhaus
bí mật geheim
bị Sack
bị thương verletzt
bia Bier
biên giới Grenze
biên nhận Quittung
biến mất
  verschwinden
biển Meer
biển đề Schild
biết wissen, kennen,
  können
biết ơn dankbar
bình Kanne
bình đẳng
  gleichberechtigt
bình minh
  Morgendämmerung
bình thường normal
bít tất Strumpf
bít tất ngắn Socke
bò Rind; kriechen

bóc vỏ schälen
bóng Schatten; Ball
bóng đá Fußball
bóng đèn điện
  Glühbirne
bọt Schaum
bọt biển Schwamm
bố Vater
bố thí Almosen geben
bộ Satz (Garnitur);
  Ministerium
bổ sung hinzufügen
bông Baumwolle
bông đùa scherzen
bỗng nhiên plötzlich
bột Mehl, Pulver
bơ Butter, Avocado
bờ biển Küste
bơi schwimmen
búa Hammer
bụi Staub
bùn Schlamm
bụng Bauch
buổi Zeitraum
buổi chiều Nachmittag
buổi hòa nhạc Konzert
buổi lễ Feier
buổi sáng Morgen
buổi tối Abend
buổi trưa Mittag
buồm Segel
buôn bán handeln
buồn traurig
buồn ngủ müde
buồn tẻ langweilig

buồng tắm
  Badezimmer
búp-bê Puppe
bút Stift
bút bi Kugelschreiber
bút chì Bleistift
bữa ăn Mahlzeit
bữa ăn sáng Frühstück
bữa tiệc Bankett
bước đi Schritt
bước vào hineingehen
bướm Schmetterling
bưu điện Post
bưu kiện Paket
bưu thiếp Postkarte

C

ca-cao Kakao
ca sĩ Sänger
cà chua Tomate
cà-phê Kaffee
cà-rốt Karotte
cà tím Aubergine
cá Fisch
cá mập Hai
cá mực Tintenfisch
cá nhân privat
cá sấu Krokodil
cá thể einzeln
cả: c. ... lẫn sowohl ...
  als auch
cả đi cả về
  hin und zurück
cả hai beide
cách mạng Revolution

cái Ding
cái gì đó irgendetwas
cải thiện verbessern
cam Orange
cảm ơn danken
cảm thấy fühlen
cánh Flügel, Ast; Suppe
cánh đồng Feld
cánh tay Arm
cao hoch
cao nguyên Hochebene
cao-su Gummi
cao thon schlank
cạo sich rasieren
cát Sand
cay scharf (Speise)
căm ghét hassen
cằm Kinn
cắm stecken
cắn beißen
cắt schneiden
câm stumm
cầm nehmen
cấm verbieten
cân Waage
cân nặng wiegen
cần brauchen
cần thiết notwendig
cẩn thận vorsichtig
cấp bách dringend
cất cánh abheben (Flugzeug)
câu Satz
câu hỏi Frage

câu trả lời Antwort
cầu Brücke
cầu thang Treppe
cầu tiêu Klosett
cầu vòng Regenbogen
cây Baum
cây nến Kerze
cất cánh abfliegen
cha Vater
chai Flasche
chải tóc kämmen
chán überdrüssig
chanh Zitrone
chào grüßen
chảo Wok
cháu Enkel, Neffe
cháy brennen
chạy laufen, rennen, fahren
chạy trốn fliehen
chảy fließen
chắc chắn gewiss
chăm chỉ fleißig
chăm sóc sorgen für
chăn Decke
chậm langsam
chân Fuß, Bein
chân đất barfuß
chất độc Gift
chất khí Gas
chất lỏng Flüssigkeit
chất lượng Qualität
chật eng
châu Erdteil
chậu rửa Waschbecken

chè Tee
chén Schale, Tasse
chết sterben, tot
chi nhánh Filiale
chi phí ausgeben
chị ältere Schwester
chỉ nur; Faden; zeigen
chỉ dẫn hinweisen
chia teilen
chia ly sich trennen
chia tay sich verabschieden
chìa khóa Schlüssel
chích stechen
chiến tranh Krieg
chiêng Gong (groß)
chiếu Matte
chiếu sáng leuchten
chim Vogel
chim chuột flirten
chín reif
chính phủ Regierung
chính thức offiziell
chính trị Politik
chính xác genau
chịu khổ leiden
chịu trách nhiệm verantwortlich
cho geben; für
cho nên deshalb
cho phép erlauben
cho thuê vermieten
cho vay verleihen
cho xem zeigen
chó Hund
chỗ Ort, Platz, Stelle

chỗ ngồi Sitzplatz
chổi Besen
chồng Ehemann
chờ warten
chơi spielen
chú Onkel (jüngerer, väterl.)
chú ý Achtung
chủ Besitzer
chủ quán Wirt
chủ tịch Präsident
chua sauer
chùa Pagode
chúa trời Gott
chuẩn bị vorbereiten
chúc wünschen
chúc mừng gratulieren
chuối Banane
chuông Glocke, Klingel
chuột Ratte, Maus
chụp ảnh fotografieren
chuyên gia Spezialist
chuyến bay Flug
chuyến đi du lịch Reise
chuyến đi tham quan Ausflug
chuyến về Rückfahrt
chuyện tiếu lâm Witz
chuyển động sich bewegen
chuyển tàu umsteigen
chữ Wort (geschrieben)
chữ cái Buchstabe
chữ ký Unterschrift
chưa noch nicht

chương trình Programm
có es gibt, haben, sich befinden
có lẽ vielleicht
có mặt anwesend
có thai schwanger
có vẻ như scheinen
cỏ Gras
còi xe Hupe
còn noch
còn lại übrig bleiben
cong krumm
cọp Tiger
cô Fräulein
cô dâu Braut
cố gắng sich bemühen
cổ alt, antik; Hals
cốc (Trink-)Glas
cối Pflanze
cởi áo (ra) ausziehen
công an Polizei
công chức Beamter
công cụ Werkzeug
công khai offiziell
công nhân Arbeiter
công tắc điện Schalter
công ty Firma
công ty du lịch Reisebüro
công việc Arbeit, Geschäft
công viên Park
cồng Gong (klein)
cổng Tor

Cơ-đốc giáo Christentum
cơ quan Behörde
cờ Fahne
cỡ Größe (Kleidung)
cơm Reis (gekocht)
cơn Anfall
củ hành Zwiebel
cũ alt
cua Krabbe
của von (Besitz)
của riêng Eigentum
cúc áo Knopf
cung cấp liefern
cung điện Palast
cùng nhau zusammen
cũng auch
cuộc sống Leben
cuối cùng letzter, zuletzt, schließlich
cuối tuần Wochenende
cưa Säge
cửa Tür
cửa hàng Laden
cửa sổ Fenster
cửa sông Mündung
cứng hart
cười lachen
cưới heiraten
cưỡi reiten
cường điệu übertreiben
cừu Schaf
cứu retten

D

da Haut
da lông Fell
da thuộc Leder
dạ ja (S)
dã man grausam
dai zäh
dài lang (Entfernung)
dán kleben
danh lam thắng cảnh
   Sehenswürdigkeiten
dành dụm sparen
dao Messer
dao cạo Rasiermesser
dày dick (z. B. Buch)
day lehren
dắt xe abschleppen
dấm Essig
dân tộc Nation
dần dần allmählich
dẫn führen
dầu Öl
dấu Stempel
dây cáp Kabel
dây chuyền Kette
dây điện Leitung
   (elektr.)
dây thép Draht
dây thừng Seil
dép Sandale
dê Ziege
dễ chịu angenehm
dễ dàng einfach
dĩ nhiên
   selbstverständlich

dịch übersetzen
diêm Streichholz
diễn viên Schauspieler
dịp Gelegenheit
do wegen
du lịch reisen
dưa Melone
dưa chuột Gurke
dừa Kokosnuss
dứa Ananas
dừng anhalten
dưới Unterseite

Đ

đá Stein
đã schon
đài phát thanh
   Rundfunk
đại phong Taifun
đại sứ quán Botschaft
đám cháy Brand
đám cưới Hochzeit
đảm mutig
đàn bà Frau
đàn ông Mann
đang gerade, soeben
đang tiếc leider
đáng yêu liebenswert
đảng Partei
đánh schlagen
đánh cá fischen
đánh răng
   Zähne putzen
đánh thức wecken
đánh vỡ zerbrechen

đào Pfirsich
đạo luật Gesetz
đạt schaffen, gelingen
đặc biệt besonders
đăng ký anmelden
đắng bitter
đắt teuer
đặt stellen, bestellen
đặt trước buchen
đất Erde
đất đai Boden
đất liền Festland
đất nước Land
đầu Kopf
đầu gối Knie
đấu tranh kämpfen
đậu Bohne, Erbse
đậu nành Sojabohne
đậu phụ Tofu
đậu xe parken
đầy voll
đầy đủ genug
đe dọa bedrohen
đè nén drücken
đem bringen
đen schwarz
đèn Lampe
đèn giao thông Ampel
đèn pin Taschenlampe
đeo tragen (z. B. Brille)
đèo Pass (Straße)
đẹp schön
đê Deich
đề nghị vorschlagen
để stellen
để cho lassen

để mà damit, um zu
đêm Nacht
đếm zählen
đệm Matratze
đền Tempel
đến kommen; bis, zu
đến chậm
  sich verspäten
đều regelmäßig
đi gehen, fahren
đi chơi spazieren
đi cùng begleiten
đi đâu wohin
đi đi lại lại hin und her
đi máy bay fliegen
  (reisen)
đi qua überqueren,
  vorbeigehen
đi ra hinausgehen
đi theo folgen
địa chấn Erdbeben
địa chỉ Adresse
địa phương Ortschaft
đỉa Blutegel
đĩa Teller
đĩa hát Platte (CD)
điếc taub
điểm Punkt
điên verrückt
điền vào ausfüllen
điện elektrisch
điện lực Elektrizität
điện thoại Telefon
điện thoại di động
  Mobiltelefon
điều chỉnh regeln

điều kiện Bedingung
điều trị behandeln
  (Arzt)
điếu Röhrchen,
  Zigarette
đinh Nagel
định beabsichtigen
định kỳ Termin
đỉnh núi Gipfel
đít Hintern
đo (đạc) messen
đỏ rot
đọc lesen
đói Hunger haben
đón empfangen (Gast)
đóng schließen
đồ chơi Spielzeug
đồ gia vị Gewürz
đồ trang sức Schmuck
đồ uống Getränk
độ Grad
đội cứu hỏa Feuerwehr
đổi tauschen,
  wechseln
đồn Posten, Station
Đông Osten
đồng Kupfer
đồng bằng Flachland
đồng hồ Uhr
đồng nhất identisch
đồng thời gleichzeitig
đốt stechen (Insekt)
đốt anzünden
đợi warten
đu-đủ Papaya
đủ genug

đũa Essstäbchen
đúng richtig
đứa trẻ Kind
Đức deutsch
đứng stehen
được gelingen,
  können, dürfen
đường Weg; Zucker
đường hầm Tunnel
đường hoàng
  anständig
đường phố Straße

E / Ê

em jüngeres
  Geschwister
ếch Frosch

G

gà Huhn
gái Mädchen, Tochter
gan Leber
gánh tragen
gạt tàn Aschenbecher
gặp treffen, begegnen
gần như fast
gầy dünn
ghen eifersüchtig
ghế Stuhl
gia cầm Geflügel
gia đình Familie
già alt
giá cả Preis
giá trị gültig

giải thích erklären
gian bếp Küche
gian phòng Zimmer
gián Kakerlake
giảng dạy lehren
giao thông Verkehr
giáo sư Professor
giáo viên Lehrer
giàu reich
giày Schuh
giặt Wäsche waschen
giây Sekunde
giấy Papier
giếng Brunnen
giếng phun
  Springbrunnen
giết chết töten
gió Wind
gió mùa Monsun
giống ähnlich
giờ Zeit, Stunde
giới thiệu vorstellen
giun Wurm
giúp đỡ helfen
giường Bett
góc Ecke
gói packen, Packung
gọi (an)rufen, nennen
gọi là sogenannt
gỗ Holz
gối Kissen
gửi schicken, senden
gừng Ingwer
gương Spiegel

H

hạ giá Preis senken
hài lòng zufrieden
hại schädlich
hàng không Luftfahrt
hàng ngày täglich
hạng (Güte-)Klasse
hành động handeln
  (aktiv sein)
hành lang Korridor
hành lý Gepäck
hạnh phúc Glück
hát singen
hạt Korn
hàu Auster
hay schön, interessant
hay là oder
hắt hơi niesen
hẹn sich verabreden
heo Schwein (S)
hẹp eng
hiếm selten
hiệu Laden
hiệu thuốc Apotheke
hiểu verstehen
hình thành entstehen
ho husten
họ Familienname
hoa Blume
hoa hồng Rose
hoa sen Lotos
hòa bình Frieden
hóa đơn Rechnung
hoan nghênh
  willkommen

hoàn cảnh Umgebung
hoãn lại verschieben
  (Termin)
hoàng hôn
  Abenddämmerung
hoặc là oder
học sinh Schüler
học tập lernen
hỏi fragen
hòm klar
hòn đảo Insel
hót singen (Vogel)
hồ See
hồ bơi Schwimmbad
hộ helfen
hộ chiếu Reisepass
hổ Tiger
hôm nay heute
hôm qua gestern
hôn küssen, Kuss
hộp Dose
hời billig, preiswert
hợp passen,
  entsprechend
hợp lý rechtmäßig
hút thuốc rauchen
huyết Blut
hư hỏng kaputt
hứa hẹn versprechen
hứa hôn sich verloben
hươu Hirsch

I

ỉa chảy Durchfall
ích nützlich

in drucken
ít wenig
ít nhất mindestens

K

kem Creme, Speiseeis
kem bôi da Hautcreme
kéo ziehen; Schere
kéo dài dauern
kẹp Klammer
kết hôn heiraten
kết quả Ergebnis
kết thúc beenden
kêu schreien
khả năng Fähigkeit, Möglichkeit
khác anderer
khác nhau verschieden
khách Gast
khách sạn Hotel
khát Durst haben
khăn ăn Serviette
khăn mặt Handtuch
khăn mùi-soa Taschentuch
khăn trải giường Laken
khắp mọi nơi überall
khâu nähen
khẩu vị Geschmack
khéo geschickt
khi als (zeitl.)
khỉ Affe

khoa học Wissenschaft
khóa abschließen
khoai Knollenfrucht
khoảng ungefähr
khóc weinen
khỏe gesund
khói Rauch
khô trocken
không nicht, nein
không bao giờ nie
không khí Luft
khuôn mặt Gesicht
kiểm tra kontrollieren
kiến Ameise
kiểu Stil (Architektur)
kim Nadel
kim loại Metall
kính Brille
kính áp tròng Kontaktlinse
kính râm Sonnenbrille
kip thời rechtzeitig
ký tên unterschreiben
kỹ sư Ingenieur

L

là sein; bügeln
lá Blatt
lạ fremd
lạc Erdnuss
lạc hậu rückständig
lái xe fahren (steuern)
lại wieder
làm machen

làm bánh backen
làm hại schaden
làm phiền belästigen
làm việc arbeiten
làn Korb
làng xã Dorf
láng giềng benachbart
lãnh sự quán Konsulat
lau Schilf
lặn tauchen
lắng nghe zuhören
lần Mal
lần nữa wieder
lẫn nhau einander
lâu lange (Zeit)
lầy bùn Sumpf
len Wolle
lên hinauf
lên cân zunehmen (Gewicht)
lịch sự höflich
lịch sử Geschichte
liên hệ Verbindung
linh hồn Seele
linh mục Priester
lính Soldat
lít Liter
lò Backofen
lọ hoa Vase
loãng dünn (wässrig)
lọng Sonnenschirm
lỗ Loch
lôi ziehen
lối ra Ausgang
lối vào Eingang

lông Körperhaar
lốp xe Reifen
lời khen Lob
lợi Profit, Vorteil
lớn groß
lớn lên wachsen
lợn Schwein
lớp học Schulklasse
lúa Reispflanze
lụa Seide
luật Gesetz
luật gia Jurist
luật sư Anwalt
luôn luôn immer
luyện tập üben
lừa đảo betrügen
lửa Feuer
lưng Rücken
lược Kamm
lười biếng faul, träge
lưới Netz
lưỡi Zunge
lương Lohn, Gehalt
lương thực Lebensmittel
lưu niệm Andenken
ly dị scheiden lassen
lý Recht

M

má Wange; Mutter (S)
mạch máu Ader
mái Dach
màn Vorhang

mang tragen, befördern
mạng lưới Netz(werk)
mạnh stark
mát mẻ kühl, frisch
màu sắc Farbe
máu Blut
may nähen
máy Gerät
máy ảnh Fotoapparat
máy bay Flugzeug
máy bay trực thăng Hubschrauber
máy bơm Pumpe
máy điều hòa Klimaanlage
máy móc Maschine
máy quạt Ventilator
máy rút tiền (tự động) Geldautomat
máy sấy tóc Föhn
máy thu thanh Radio
máy ti-vi Fernseher
máy tính Computer
máy tự động Automat
mặc anziehen, tragen (Kleidung)
mặc cả feilschen
mặc dù obwohl
mặc thử anprobieren
mặn salzig
măng Bambusspross
mắng schelten
mắt Auge
mặt trăng Mond
mặt trời Sonne

mâm Tablett
mất verlieren
mật ong Honig
mẩu chuyện Geschichte
mây Wolke
mấy einige
mẹ Mutter
mèo Katze
mép Rand
mét Meter
mềm weich
mệt nhọc müde
mí mắt Lid
miền Landesteil
miến Glasnudeln
miễn phí kostenlos
miệng Mund
miếu Tempel
mìm cười lächeln
mít Brotfrucht
móc anhängen
mọc lên wachsen
mọi jeder, alle (Personen)
món ăn Essen, Speise
mong muốn wünschen
móng tay Fingernagel
mòng dünn (Umfang)
mồ hôi Schweiß
mộ Grab
mốc Schimmel
môi Lippe
môi trường Umwelt
mối Termite
một ein(s)

một cặp Paar
(Menschen)
một chút ein bisschen
một đôi Paar
một mặt thì ...
mặt khác thì
einerseits ...
andererseits
một mình allein
mơ träumen
mở offen
mở ga Gas geben
mở ra öffnen
mỡ Fett
mời einladen
mời mua anbieten
(Ware)
mới neu
mù blind
mù chữ
analphabetisch
mù-tạt Senf
mủ Eiter
mũ Hut, Mütze
mua kaufen
mua sắm einkaufen
mùa Jahreszeit
mùa màng Ernte
múa tanzen
mục nát verfault
mùi hôi Gestank
mũi Nase
muối Salz
muỗi Mücke
muốn wollen
muộn spät

mưa Regen
mưa giông Gewitter
mượn sich leihen
mương Graben
mứt nhừ Marmelade
mỹ nghệ
Kunsthandwerk

N

nam männlich
Nam Süden
nạn lụt
Überschwemmung
não Gehirn
này dieser
năm Jahr
nằm xuống
sich hinlegen
năng lượng Energie
nặng schwer
nắp Deckel
nấm Pilz
nâng lên heben
nấu bếp kochen
ném werfen
nên sollen
nền công nghiệp
Industrie
nền kinh tế Wirtschaft
nền nông nghiệp
Landwirtschaft
nền văn hóa Kultur
nến Kerze
nếp Klebreis
nếu falls, wenn

ngã hinfallen
ngã tư Kreuzung
ngạc nhiên erstaunt,
sich wundern
ngày Tag
ngày lễ Feiertag
ngày mai morgen
ngày tháng Datum
ngày xưa früher, einst
ngắm schauen
ngăn kéo Schublade
ngắn kurz
ngân hàng Bank
ngất ohnmächtig
werden
nghe hören
nghèo arm
nghề nghiệp Beruf
nghệ thuật Kunst
nghỉ ruhen
nghỉ ngơi sich erholen
nghỉ phép
Urlaub haben
nghĩ denken
nghĩa Bedeutung
nghĩa trang Friedhof
nghĩa vụ Pflicht
ngõ hẻm Gasse
ngoài außen
ngoài ra außerdem
ngoại lệ Ausnahme
ngoại tệ (mạnh)
Devisen
ngoan artig
ngọc trai Perle
ngon schmackhaft

ngon miệng schmecken
ngón tay Finger
ngón tay cái Daumen
ngọt süß
ngô Mais
ngôi nhà Gebäude
ngồi sitzen
ngồi xuống sich setzen
ngôn ngữ Sprache
ngỗng Gans
ngu dumm
ngủ schlafen
ngủ dậy aufstehen
nguồn Quelle
nguy cơ Gefahr
nguy hiểm gefährlich
nguyên thủy ursprünglich
nguyền rủa verfluchen
ngữ pháp Grammatik
ngựa Pferd
ngực Brustkorb
ngược lại umgekehrt
người Mensch
người ăn chay Vegetarier
người dân Einwohner
người gửi Absender
người hầu bàn Kellner
người lái xe Fahrer
người lớn Erwachsener
người nấu bếp Koch
người nhận Empfänger

người phiên dịch Übersetzer
người ta man
người tiếp khách Gastgeber
người về hưu Rentner
người yêu Geliebte(r)
nhà Haus
nhà báo Journalist
nhà ga Bahnhof
nhà ga-ra Garage
nhà hát Theater
nhà máy Fabrik
nhà nước Staat
nhà ở Wohnung
nhà thờ Kirche
nhà trọ Pension
nhà trọc trời Wolkenkratzer
nhà tù Gefängnis
nhà vệ sinh Toilette
nhà vua König
nhai kauen
nhẫn Ring
nhanh schnell
nhảy springen
nhảy đầm tanzen (westl.)
nhắc lại wiederholen
nhắt klein, winzig
nhầm lẫn sich irren
nhân chứng Zeuge
nhân dân Volk
nhân dịp anlässlich
nhân vật Person
nhân viên Angestellter

nhận bekommen, annehmen
nhập khẩu importieren
nhẹ nhàng leicht
nhện Spinne
nhét stecken
nhiệm vụ Aufgabe
nhiệt độ Temperatur
nhiều viel
nhìn anschauen, Blick
nhỏ klein
nhóm Gruppe
nhớ sich erinnern
nhút nhát schüchtern
như als, wie
như là als ob
như thế so
như thế này solcher
nhựa Plastik
nhưng mà aber
nhược diểm Nachteil
nĩa Gabel
niềm nở freundlich
nịt ngực Büstenhalter
no satt
nói sagen, sprechen
nói chuyện sich unterhalten
nói dối lügen
nón konischer Hut
nóng heiß, warm
nóng nảy nervös
nổ platzen
nồi Topf
nội dung Inhalt

nổi tiếng berühmt
nỗi đau Schmerz
nôn sich erbrechen
nông dân Bauer
nông thôn Land (Dorf)
nơi Ort, Platz, Stelle
nơi bán vé
  Ticketschalter
nơi nhận tiền Kasse
núi Berg
nửa halb, Hälfte
nửa đêm Mitternacht
nước Wasser; Land
nước đá Eiswürfel
nước hoa Parfüm
nước ngoài Ausland
nước suối
  Mineralwasser

O / Ô

óc Gehirn
ong Biene
ô Regenschirm
ổ cắm điện Steckdose
ổ khóa Türschloss
ốc Schnecke
ổi Guave
ốm krank
ôn hòa mild (Klima)
ồn ào laut
ông Großvater
Ông Bụt Buddha
ông chủ Chef
ông sư Mönch
  (buddh.)

ống cao-su Schlauch
ống tiêm Spritze

Ơ

ở in
ở dưới unten
ở đâu wo
ở đây hier
ở đó dort
ở gần nahe
ở lại bleiben
ở ngoài außerhalb
ở nhà zu Hause
ở phía sau hinten
ở phía trước vorne
ở trên oben
ở trong innen
ớt Chili, Paprika

P

pha mischen
pha chè Tee kochen
phà Fähre
phải rechts; müssen
phạm pháp
  rechtswidrig
phản ứng reagieren
phanh Bremse
Pháp französisch
phát âm Aussprache
phát điên
  verrückt werden
phát triển
  sich entwickeln

phạt bestrafen
phẳng flach
phân biệt
  unterscheiden
phân người Kot
phần còn lại Rest
phần nhiều meistens
phần trăm Prozent
Phật giáo
  Buddhismus
phê bình kritisieren
phi công Pilot
phía Seite, Richtung
phích cắm điện Stecker
phim Film
pho-mát Käse
phong tục Brauch
phòng Raum
phòng khách
  Wohnzimmer
phòng ngủ
  Schlafzimmer
phố Straße
phổi Lunge
phơi khô trocknen
phù sa Schwemmland
phụ nữ Frau
phụ thuộc abhängen
phụ tùng Ersatzteil
phun spritzen
phút Minute
phức tạp schwierig
phương pháp Methode
phương tiện vận tải
  Verkehrsmittel

phương thức Art und Weise

pin Batterie

Q

quà tặng Geschenk
quá zu sehr
quá khứ Vergangenheit
quả Frucht
quả cây Obst
quả đất Erdball
quan tâm sich interessieren
quan trọng wichtig
quán ăn Restaurant
quán cà-phê Café
quảng trường Platz
quạt Fächer
quay sich drehen
quay lại wenden
quân đội Armee
quần Hose
quần áo Kleidung
quần lót Unterhose
quần tắm Badehose
quận Stadtbezirk
quét fegen
quẹt anzünden (Streichholz)
quên vergessen
quốc lộ Landstraße
quốc tế international
quốc tịch Staatsangehörigkeit

quy tắc Regel
quý báu kostbar
quyền hạn Recht
quyển Band (Buch)
quyết địn entscheiden
quýt Mandarine

R

ra hinaus
rác bụi Müll
rảnh Freizeit haben
rạp chiếu bóng Kino
rau Gemüse
rắn Schlange
răng Zahn
răng giả Zahnersatz
rằng dass
rất sehr
râu Bart
râu mép Schnurrbart
rẻ billig
rẽ abbiegen
rét kalt
rét run frieren
rễ cây Wurzel
riêng privat
riêng lẻ einzeln
rõ ràng klar
rót eingießen
rồi schon
rộng breit
rốt cuộc endlich
rơi fallen
rời bỏ verlassen
rùa Schildkröte

ruồi Fliege
ruột Darm
rút herausziehen, abheben (Geld)
rửa waschen
rừng Wald
rừng rậm Dschungel
rượu Alkohol
rượu vang Wein

S

sách Buch
sạch sẽ sauber
sai falsch
sai lầm Fehler
sản phẩm Produkt
sản xuất produzieren
sáng hell
sao Stern
sát trùng desinfizieren
sau nach, nächster
sau đó danach
say rượu betrunken
say sóng seekrank
sắc scharf (Klinge)
săn jagen
sẵn lòng gern
sẵn sàng bereit
sắp bald
sắt Eisen
sân Hof
sân bay Flughafen
sân nhà Fußboden
sân vận động Stadion
sâu tief

sâu bọ Insekt
séc Scheck
sét Blitz
sên Schnecke
sinh đẻ gebären
sinh nhật Geburtstag
sinh viên Student
so sánh vergleichen
sò Muschel
sóng Welle
sô-cô-la Schokolade
số Zahl, Nummer
số lượng Menge
số phận Schicksal
sổ mũi Schnupfen
sổ tay Notizbuch
sông Fluss
sông đào Kanal
sống leben; roh
sống ở wohnen
sốt Fieber
sợ Angst
sợ hãi sich fürchten
sợi chỉ Faden
sớm früh
sơn Lack
sung sướng glücklich
suy nghĩ nachdenken
sút cân abnehmen
(Gewicht)
sự bảo hiểm
Versicherung
sự bắt đầu Anfang
sự giảm bớt
Ermäßigung
sự hiểu biết Wissen

sự hỏng máy Panne
sự kết thúc Ende
sự khác nhau
Unterschied
sự khởi hành Abfahrt
sự kiện Ereignis
sự lựa chọn Wahl
sự lưu lại Aufenthalt
sự tạm biệt Abschied
(vorübergehend)
sự tận cùng Ende
sự thật Wahrheit
sự thèm ăn Appetit
sự thiệt hại Schaden
sự thông tin
Information
sự trật tự Ordnung
sự vĩnh biệt Abschied
(für immer)
sử dụng nutzen
sứa Qualle
sửa chữa reparieren
sữa Milch
sức khỏe Gesundheit
sức mạnh Kraft
sườn núi Abhang
sương mù Nebel

T

tã lót Windel
tách Tasse
tai Ohr
tai nạn Unfall
tài khoản Konto
tài năng Begabung

tàn phá zerstören
tàn tật behindert
tảng đá Fels
táo Apfel
tạp chí Zeitschrift
tàu Blatt (Baum)
tàu hỏa Zug
tàu thủy Schiff
tắc kè Gecko
tắm baden
tắm nắng
sonnenbaden
tăng lên steigen
(Preis u. ä.)
tặng schenken
tắt ausschalten
tấm kính Glasscheibe
tấm ván Brett
tấn công angreifen
tầng Etage
tầng trệt Erdgeschoss
tập quen
sich gewöhnen
tất cả alle (Dinge)
Tây Westen
tẩy sạch reinigen
tem Briefmarke
tên Name
tết Fest (jahreszeitl.)
tha lỗi verzeihen
thác nước Wasserfall
thảm Teppich
than Kohle
tháng Monat
thanh đạm bescheiden
thanh niên Jugend

Wörterliste Vietnamesisch – Deutsch

thanh toán abrechnen
thành công erfolgreich
thành phố Stadt
thành trì Burg
thành viên Mitglied
thánh giá Kreuz
tháp Turm
thay đổi verändern,
  auswechseln
thăm besuchen
thằn lằn Eidechse
thắng gewinnen
thẳng gerade(aus)
thắt lưng Gürtel
thân thể Körper
thận Niere
thấp niedrig, klein
thất nghiệp arbeitslos
thật echt, wahr
thật thà ehrlich
thầy đổi auswechseln
thẻ Karte
thẻ tín dụng
  Kreditkarte
thẹn thùng
  sich schämen
theo dõi beobachten
thép Stahl
thế giới Welt
thế kỷ Jahrhundert
thể dục Gymnastik
thể thao Sport
thêu sticken
thì giờ Zeit
thì thầm flüstern
thìa Löffel

thiên nhiên Natur
thiếu fehlen
thỉnh cầu beantragen
thỉnh thoảng
  manchmal
thịt Fleisch
thỏ nhà Kaninchen
thỏ rừng Hase
thoải mái bequem
thói quen Gewohnheit
thô rauh
thôi aufhören
thông dụng üblich
thông minh klug
thợ may Schneider
thợ máy Mechaniker
thở atmen
thời tiết Wetter
thời trang Mode
thơm duften
thu tập sammeln
thú vị interessant
thủ đô Hauptstadt
thua verlieren
  (Niederlage)
thuần zahm
thuận lợi günstig
thuê mieten
thuế Steuer
thuế quan Zoll
thung lũng Tal
thuốc Heilmittel, Droge
thuốc bôi Salbe
thuốc gội đầu
  Shampoo

thuốc lá Tabak,
  Zigarette
thuốc men
  Medikament
thuốc xịt Spray
thụt lùi rückwärts
thủy tinh Glas
thuyền Boot
thuyền chèo
  Ruderboot
thuyết phục
  überzeugen
thư Brief
thư bảo đảm
  Einschreiben
thư điện tử E-Mail
thư ký Sekretär(in)
thư viện Bibliothek
thử versuchen,
  probieren
thức dậy erwachen
thức giác wach
thực echt
thực đơn Speisekarte
thường oft
thường thường
  normalerweise
thưởng thức genießen
tiêm spritzen (Injekt.)
tiêm phòng impfen
tiền Geld
tiền boa Trinkgeld
tiền lương Gehalt
tiền mặt Bargeld
tiền phạt Bußgeld
tiến lên vorwärts

tiếng động Geräusch
tiếng nói Sprache, Stimme
tiếng ồn ào Lärm
tiếp tục fortsetzen
tiết kiệm sparsam
tiêu Pfeffer
tiêu dùng verbrauchen
tiêu hóa verdauen
tim Herz
tìm suchen
tìm thấy finden
tin glauben
tin tức Nachricht
tín hiệu Zeichen
tình bạn Freundschaft
tình cờ zufällig
tình nguyện freiwillig
tình trạng Lage
tình yêu Liebe
tính zählen
tính toán (be)rechnen
tỉnh Provinz
to groß
tò mò neugierig
toa Waggon
tòa thị chính Rathaus
toát mồ hôi schwitzen
tóc Haar (Kopf)
tỏi Knoblauch
tố cáo anzeigen
tổ chức organisieren
tổ tiên Ahnen
tốc độ Geschwindigkeit

tôi ich
tồi schlecht
tối dunkel
tội nặng Verbrechen
tôm Garnele, Krebs
tôn trọng respektieren
tồn tại existieren
tốt gut
tơ lụa Seide
tờ Blatt (Papier)
tờ báo Zeitung
tờ giấy bạc Geldschein
tờ mẫu Formular
tới ankommen
trà Tee (S)
trả lời antworten
trả tiền zahlen
trai Junge, Sohn
trái links
trái cây Obst (S)
trạm xăng Tankstelle
tràn ngập überfluten
trang Seite (Buch)
tranh ảnh Bild
tranh cãi streiten
tránh khỏi vermeiden
trăn Riesenschlange
trắng weiß
trần nhà Decke (Zimmer)
trần truồng nackt
trâu Büffel
tre Bambus
trẻ jung
trẻ em Kinder
trẻ sơ sinh Baby

treo hängen
trèo lên aufsteigen
trên auf, Oberseite
trí nhớ Gedächtnis
triển lãm Ausstellung
triết học Philosophie
tro Asche
trò chơi Spiel
trò vui Unterhaltung
trọc kahl (rasiert)
tròn rund
trong in, Inneres
trong khi während
trọng lượng Gewicht
trộn mischen
trồng trọt pflanzen
trống leer, frei
trở lại zurückkehren
trở thành werden (zu)
trở về zurückkehren
trời Himmel
trục Achse
trung tâm Zentrum
trung thành treu
trùng Insel
trúng treffen (Ziel)
truyền thống Tradition
trừ phi außer
trừng phạt strafen
trứng Ei
trước im voraus
trước hết zuerst
trước khi bevor
trường đại học Universität
trường học Schule

trượt rutschen
tu viện Kloster
tủ Schrank
tủ lạnh Kühlschrank
tuần Woche
túi Tasche
túi giấy Tüte
túi ngủ Schlafsack
tuổi Alter (Leben)
túp lều Hütte
tuyết Schnee
tuyệt vời
  ausgezeichnet
từ Wort; seit
từ chối ablehnen
tự sich selbst
tự do frei
tự hào stolz
tự mình selbst
tự nhiên natürlich
tự tin selbstbewusst
tức giận verärgert
tươi frisch (Obst usw.)
tương lai Zukunft
tường Mauer, Wand
tượng Statue
tượng kỷ niệm
  Denkmal
tưởng tượng
  sich etw. vorstellen

U / Ư

uống trinken
ướt nass, feucht

ưu điểm Vorteil

V

va-li Koffer
và und
và lại übrigens
vác Schulter; tragen
vài einige
vải Stoff (Textil);
  Litschi
vàng gelb; Gold
vào hinein
vay sich leihen (Geld)
váy Rock
văn học Literatur
văn kiện Dokument
văn phòng Büro
vắng mặt abwesend
vân vân und so weiter
vấn đề Problem
vâng ja
vất vả anstrengend
vật Tier
vật tượng trưng
  Symbol
ve sầu Zikade
vé Ticket
vé vào cửa
  Eintrittskarte
vẽ malen, zeichnen
về zurück
vệ sinh hygienisch
vết thương Wunde,
  Verletzung

vì weil, wegen
vì thế deshalb
ví dụ Beispiel
ví dụ như
  zum Beispiel
ví tiền Portemonnaie
vị trí Lage (Position)
vỉa hè Bürgersteig
viện bảo tàng Museum
viết schreiben
vịnh Bucht
vịt Ente
vỏ Schale (Hülle)
voi Elefant
vòi Wasserhahn
vòi hoa sen Dusche
vòng đeo tay Armband
vòng tròn Kreis
vô ohne
vô lý unsinnig
vô tội unschuldig
vô tuyến truyền hình
  Fernsehen
vỗ tay applaudieren
vội sich beeilen
vội vàng eilig
vợ Ehefrau
vở Heft
vở kịch Schauspiel
vỡ zerbrochen
với mit
vú Brust (weibl.)
vũ khí Waffe
vui mừng sich freuen
vui tươi fröhlich

vùng Gegend
vùng nhiệt đới Tropen
vuông Quadrat
vừa ... vừa
  sowohl ... als auch
vừa mới soeben
vừa rồi neulich
vừa vặn passen
vừng Sesam
vườn Garten
vườn bách thú Zoo
vứt đi wegwerfen

X

xa (cách) weit weg,
  fern
xa xỉ luxuriös
xà-lách Salat
xà-phòng Seife
xã Gemeinde
xã hội Gesellschaft
xay mahlen
xanh blau, grün
xăng Benzin
xấu schlecht, hässlich
xây dựng bauen
xảy ra geschehen
xe Fahrzeug, Wagen
xe buýt Bus
xe cấp cứu
  Krankenwagen
xe đạp Fahrrad
xe điện Straßenbahn
xe hơi Auto (PKW)

xe lửa Eisenbahn
xe máy Moped
xe mô-tô Motorrad
xe ô-tô Auto
xe tắc-xi Taxi
xe vận tải Lastwagen
xé zerreißen
xem sehen
xẻng Schaufel
xếp weglegen
xếp hàng
  Schlange stehen
xí nghiệp Betrieb
xin bitten
xin lỗi
  sich entschuldigen
xinh hübsch
xoa bóp massieren
xoài Mango
xô Eimer
xông fertig
xú-páp Ventil
xuất khẩu exportieren
xuất phát losgehen
xúc phạm beleidigen
xúc-xích Wurst
xung quanh ringsum
xuống hinab,
  aussteigen,
  absteigen
xúp Suppe
xương Knochen
xương sườn Rippe
xưởng thợ Werkstatt

Y

y học Medizin
y tá Krankenpfleger,
  Krankenschwester
ý kiến Meinung
ý nghĩ Gedanke
yên lặng leise
yên tĩnh ruhig, still
yêu mến lieben
yếu schwach

Die Autorin

Monika Heyder, Jahrgang 1963, ist Dipl.-Sprachmittlerin für Vietnamesisch und Französisch. Vietnamesisch studierte sie an der Humboldt-Universität Berlin und während eines einjährigen Teilstudiums in Vietnam.

Seit 1987 arbeitet sie als Dolmetscherin und Übersetzerin, wodurch sie in ständigem Kontakt mit Vietnam und seinen Menschen steht. Neun Jahre unterrichtete sie Vietnamesisch an der Humboldt-Universität Berlin.

Ihr besonderes Interesse gilt der Alltagsgeschichte sowie den Sitten und Bräuchen der Vietnamesen.